講談社文庫

# 被差別部落の青春

角岡伸彦

JN285152

講談社

被差別部落の青春——目次

新人類の登場はいつごろからか "軽い"

## 第二章 諷詠 ……… 41

——諷詠の本質
ユーモアを通して人間の真実を諷詠

「笑いについて……」
諷詠を通して見る世の中と人間模様
俳諧味を求めて諷詠する俳諧自由律
日常生活のなかに小さな発見を

## 第一章 序章 ……… 17

## プロローグ ……… 10

でしかない。
ところが結婚相手が部落民であることがわかると、人によっては「部落民が身内になる」という意識が生まれる。そのとき、これまで縁遠かった部落問題が初めて〝わがこと〟になる――

第三章 ムラ……85

ケンカは日常茶飯事だった。両親のケンカがいやで友人の家に逃れると、友人の親から「ごはん食べたんか」と声をかけられ、食卓を囲むことがたびたびあった。部落のことを、部落内では「ムラ」と呼ぶ。かつてはムラ全体がひとつの家族でもあった。奈良市内のあるムラの四十年間をたどってみると――

第四章　食肉工場……139

食肉工場の朝は早い。

三十代前半のがっしりした体格の職人が、枝肉の下三分の一、肩のあたりに刃渡り五〇センチほどの長い包丁をぷすりと刺し、真横に切る。

「ウイーン、ガガッ、ガガッ」

電動のこぎりが背骨を断つ大音響が響く。

部落特有の地場産業は部落産業といわれている。その代表格が食肉産業だが、部落外からこの世界に飛び込んだ、ひとりの男がいた――

第五章　伝える……195

その日、母は、小学六年生の息子に「あんたも部落民やねんで」と告げようと考

えていた。卒業式を間近に控えた三月半ば。息子は中学受験を終えて進路も決まり、話すのにはちょうどいい時期に思えた——

文中、敬称は省略しました。
（仮名）とあるもの以外はすべて実名です。

# 被差別部落の青春

# プロローグ

交通標識は飴細工《あめざいく》のようにひん曲がり、道路はいたる所で陥没していた。住む家を失った人々は指定された避難所へ流れ、過密気味の避難所を嫌った一部の人は、道路の中央分離帯のわずかな空間にテントを張って暮らしていた。

一九九五年(平成七年)一月十七日に起きた阪神・淡路大震災は、街の姿とそこに住む人々の生活を根本的に変えた。被災地の周辺に住み、強い揺れを経験しただけで済んだ私は、震災後、被災した各地の被差別部落を訪ねた。老朽木造家屋が軒を連ねていた部落は、七、八割の建物が全壊し、狭い路地に崩れかかった家屋が覆いかぶさっていた。一方、比較的最近に完成したばかりのモダンな低層住宅が整然と建ち並ぶ部落では被害はほとんどなく、部落外から多くの被災者が地域内の施設に避難していた。被災した部落は被害においてかなりの差があった。

訪れた部落の中で、もっとも私の印象に残っているのは、阪神間にある約二五〇世帯が住む地域だった。一〇〇〇世帯を超える部落が珍しくない阪神間では小さな規模である。

ある人の紹介で、その部落内にある寺院に行った。運動組織はなく、お寺が地域のまとめ役を務めているようだった。いわゆる未組織部落である。応対に出た、髪を七三に分けた恰幅《かっぷく》のいい四十代前半の副住職は、開口一番、次のように述べた。

「取材は○○先生の紹介がなかったら、二十一世紀を迎えようとしているこの時代に、何を時代錯誤なことを言ってるんですか、と断るつもりだったんですよ」

部落問題の取材は迷惑である、という口ぶりだった。

「ここはね、昭和四十年代に解放されたんですよ……」

解放された？　しかも二十年以上前に？　よくよく話を聞いてみるとこういうことだった。多くの部落、とりわけ都市にある部落では、住環境、就労、教育などにおいて部落外と著しい差があり、スラム的な様相を呈していた。部落の人々は生活改善の要求運動を起こし、国はその声に応え、同和対策事業を開始する。行政は事業を行う前に、どこが部落(行政では同和地区という)であるかを指定しなければならない。ところが私が訪れたこの部落は、「行政の援助は一切いらない。そのかわり同和地区指定をしないでほしい」と行政に要望したというのだ。副住職のいう「解放された」という言葉は、同和地区指定を固辞したことを意味していた。同和地区に定められた部落では、老朽住宅は団地型の改良住宅などに建て替えられることが多かったが、ここではそのような事業は行われてこなかった。

「戦後すぐに建てた木造家屋が多かったから、被害が大きかったことは否定できません」

副住職はそう明かした。地域内では多いときには一五〇人が寺院に避難したという。震災後、半年が経っていたが、更地《さらち》と半壊家屋を覆う工事用のビニールシートが目立っていた。それでも、同和地区に指定されていれば被害は少なく済んだかもしれなかった、という言葉は副住職の口からは出なかった。それどころか、改良住宅はなんだか地区と地区外を分ける城壁みたいに思えるんですよ、と語った。

同和地区指定を断った部落は差別されるのか？　私はその点について聞いてみた。

「ここは差別事件とか差別による不利益とかゼロなんですよ。まあゼロに近い顔をしているのかもしれないですけどね。社会も、それから私たちも……。表向きは解放されて、何ら一般地域と変わりませんよ。でも住民の中には自分は部落民だと卑下してる人がいることも確かです。私は『自信をもちなさい』と言うんです。ここは同和地区ではないと行政から言質《げんち》をとってますからね」

部落の中では、部落民であることを卑下することはない、胸を張って生きろ、と言われることはある。だが同和地区ではない、つまり部落民ではないのだから自信をもちなさい、という話を聞くのは初めてだった。

副住職はこの地域の歴史と現状についても解説してくれた。大正時代には住民の一部が部落差別に対して立ち上がったこと、住民は現在も部落民が部落のことを指す「地下《じげ》」という言葉を使うこと、本籍地を移した者が多数いること、部落特有の仕事に就こうとした住民が、周囲に猛反対されたこと……。話を聞いていて、副住職も住民たちも〝部落民でないこと〟に必死になっているように私には思えた。

寺院には檀家《だんか》からの相談も多い。その中には部落問題に関するものもあるという。

「結婚問題の相談は年に一件くらいはあります。親が子供に部落問題のことを教えてないですからね」

結婚問題とは、結婚などに際して相手が部落民であるという理由で、交際が打ち切られたり結婚が破談になったりすることである。比較的小さな部落で、相談だけでも年に一件あるというのは、けっして少ない数字ではない。どれだけここは部落ではない、私たちは部落民ではないと言いはろうと、そんなことはおかまいなしに部落民として見ている人がいる、ということである。同和対策事業を拒否し、部落的なるものを排除し、ひっそりと暮らしてきた人々も、部落差別と無関係でいられるわけではなかった。先進国の仲間入りを果たし、経済大国といわれる日本で、何世紀も前の身分を詮索する部落差別がいまだに存在している……。

部落の起源は諸説があるが、少なくとも江戸時代まで溯《さかのぼ》ることができる。賤民《せんみん》身分である、エタ・非人は、一八七一年（明治四年）のいわゆる「解放令」によって制度的にはなくなった。だが、かつての賤民が集住していた地域は部落と呼ばれ、そこに住む人々は部落民として蔑《さげす》まれた。賤民身分は、容易に解体されたわけではなかった。

私はその部落で生まれた。

マスコミでは「被差別部落」と表現されるが、いちいち「被差別」を付けるのはイメージが固定化されるので以後、部落としよう。だいたい被差別部落などというありがたくない名称が部落の中で使われることは、まずない。部落内では通常はムラ、あるいは地区と言う。

部落で生まれたことを私は自然に受け入れた。母親は家に来た銀行員にさえ躊躇《ちゅうちょ》なく「ここは同和地区ですねん」と言っていた。被災した未組織部落、未指定地区とは違い、わが家では部落問題はタブーではなかった。

中学生になり、地域や学校で部落の歴史を学び、自分の立場がわかりかけたころ、私は母親に質問したことがあった。

「お母ちゃんは差別されたことあるん?」

「私らは差別受けたことないなあ。なあ、お父ちゃん」

「なかったなあ」

そう言ってはばからない両親は、お互い部落出身者同士である。その上、生まれも育ちもまったく同じ地域ときている。したがって私は地縁、血縁とも部落民でない要素がまったくない。いわば混じりっけなしの純粋部落民である。

差別を受けたことがないという親のもとで育った私も、部落差別を直接的に経験したことはない。実に幸せな部落民である。それにしてもなぜ、今に至るまで部落や部落差別が残っているのか。喉に突き刺さった小骨のように、長い間、私はそのことが気になっていた。好奇心と行動力が今の十倍はあった大学時代には、部落問題を考えるクラブにも所属した。好むと好まざるとにかかわらず、青臭い言い方をすれば青春時代は部落問題とともにあった。すべての部落出身者が私と同じように部落問題を気にするわけではない。だが、就職や恋愛、結婚などで部落問題にぶち当たる人もいる。それぞれの〝被差別部落の青春〟がある。

私が生まれ育った部落は、かつてはどぶ川の周辺に老朽家屋が軒を連ねるというスラム的な環境が一部残っていた。今から二十年ほど前、部落の中に幹線道路が開通し、それら部落的な風景は跡形もなく消えた。今では部落外と変わらない風景が広がっている。

部落の何が変わり、何が変わらないのか。部落差別はどう変わったのか、あるいは変わらないのか。人はどんな場面で部落を差別するのか。世代によって部落に対する考え方、捉え方はどう違うのか。部落民である私でさえ、そのような疑問を抱くことがある。これらの問いの根本にあるのは、私以外の部落民は、部落をどのように捉えているのかという関心である。それらの問いの答えを見つける過程で、うまくいけば、もうひとつの日本が見えてくるのではないか……。

抱えきれないほどの疑問を携えて、私は方々の部落を訪ねてみることにした。

# 第一章　家族

Tシャツの上から、がっちりとした体格がわかる。一見木訥《ぼくとつ》な印象を受けるが、ことサッカーの話題となるとたちまち饒舌《じょうぜつ》になる。イタリアのプロサッカーリーグで活躍する中田英寿が、いかに体の向きと違う方向にパスを出すのがうまいか、その技術を習得するためにいかにこれまで努力を惜しまなかったかを、童顔がますます幼く見えるほど熱く語る。おしゃれな中田の影響もあり、ファッションにも気を使う。ふだんは黒を中心としたモノトーンで身を包む。ブランドではグッチ、アニエス・ベーがお気に入りである。

五十嵐央人《のぶと》（二十一歳）の生活は、昔も今もサッカーを中心にまわっている。きっかけはサッカーブームが巻き起こるはるか以前の十七年前、映画好きの父親の影響で幼稚園のころに見た『勝利への脱出』だった。芝生の上で軽やかに躍動するペレの姿が目に焼きついて離れなかった。央人の「それから」を決定づけた。

幼稚園では、他の園児はドッジボールに興じていたが、サッカーをしていたのは、彼を含めわずか数人だった。小学生になると多くの仲間は野球に熱中したが、央人はただひとり、家の近くの路地で毎日のようにボールを蹴っていた。父親の文人《ふみと》（五十六歳）はメキシコ五輪で活躍した釜本邦茂のサッカー教室に、小学校低学年の息子を連れていったことがある。会場の阪神競馬場で、央人はただひとりゴールの裏側に陣取り、釜本が放つシュートに目をこらしていた。

「なんでみんなと同じようにこっちから見いひんねん」

父親が問うと、

「どないして蹴るかこっち側から見たいねん」

と答えた。どのようにキックするとボールが曲がるかを見極めたいようだった。

こいつ、ほんまにサッカーが好きなんやな――。まだ幼かった息子が、そのときは頼もしく見えた。

あまりにもサッカーに熱中する息子に、ある日、父親は尋ねた。

「お前は何しに学校行ってんねん」

「サッカー」

「ほかにすることあるやろ」

「給食」

「学校はそれだけちゃうやろ」

「たまには勉強してるで」

中学生になるとさっそくサッカー部に入った。父親の目にも、技術的には未熟ながら、サッカーに懸ける情熱は人一倍に映った。

央人にとって学校は、仲間とサッカーをするためにあった。クラブの顧問の推薦で島根県の高校にサッカー留学し、現在在籍する奈良産業大学にもスポーツ推薦で入学した。大学のサッカー部は関西の大学リーグで二部に甘んじているが、央人は七〇人の部員の中でも一回生からレギュラーメンバーに選ばれ、ミッド・フィルダーとしてチームの牽引役《けんいんやく》を務めている。一九九八年（平成十年）には関西学生選抜（三八人）にも名を連ねた。

央人の一番の望みは、Jリーガーになることである。いつかは大観衆の前でプレーしてみたい。それが少年のころ、ペレのプレーに魅せられたサッカー青年の夢である。

奈良と大阪にまたがる生駒《いこま》山系を東にのぞむ大阪府大東市《だいとうし》。古びた商店が並ぶ二車線の道路を抜け、大きな鳥居をくぐると、そこに部落がある。団地型の改良住宅が建ち並び、その中でもひときわ老朽化が目立つ棟に、五十嵐央人は両親とともに住んでいる。私はサッカー青年が自分の出自《しゆつじ》をどのように考えているかを、彼が育った家で聞くことにした。

夏の夜。五十嵐家の四畳半のダイニングルームは窓が開け放たれ、外からコオロギの声が聞こえてくる。同席していた両親も、息子と部落問題についてじっくりと話をしたことがないらしく、彼が何を言うのか興味津々《しんしん》だった。

自分が部落に生まれたことをどう思ってる？　私自身が最も関心のある質問から入った。

「お前は部落の人間やと面と向かって言われてないから、考えてないですね。もしなんか言われても沈むことはない。じゃあお前らと俺とどこが違うねん、という感じで。ケンカぐらいするかもしれへんけど、逃げはしない。

でも小学生んときは、めっちゃ怖いんかな、高校とか行ったらどんなことされるんかなと思とった。地元の人や学校の先生に、部落の人は差別されると言われとった。お母さんも部落差別が原因で仕事転々としてたのを聞いてたし。自分もそんなんされるんかなって、めっちゃビビっとってん。でも今は実際にそんなことない。差別されへんかったら自分の頭の中から離れていくやん」

「お母さんの場合は（部落を）忘れさしてくれへんかったからな」

母親の照美《てるみ》（五十五歳）が、少しふてくされたようにつぶやいた。

小学生のころから大人たちに教えられた部落差別に、央人は今のところぶち当たらずに済んでいる。次第に彼の中から部落差別の恐怖が取り除かれていった。

「お母さんは差別に直面した。だからほんまに差別に反対せなあかんと思うやろけど、俺の世代は、差別受けてないやん。受けてる子もおるかもしれへんけど、自分が直面してないからそんなに必死こいてられへん。大学受験とかと一緒で、大学受ける直前になって初めて勉強やらなあかんて思うやん。部落差別に直面するのが怖いうよりもっと怖いことがいっぱいあるねん」

「どんな?」

母親が間髪を入れずに聞いた。

「例えば車を運転してるときに人を殺したらどうなるねんやろ、今死んだらサッカーできひんなあとか。自分の部屋の本棚が落ちてきて足をけがしたらどうしようとか、そういうことの方が怖いねん」

「アホや、こいつは……」

拍子抜けしたのか、父親が苦笑している。

部落に生まれ、現在もそこに住む央人が、恐れるもの。それは部落差別ではなく、サッカーができなくなることだった。部落差別から逃れられなかった母親にとって、にわかには信じられない話なのだが、それもまた、偽りのない部落の若者の姿である。

母親が現在の央人の年頃である二十歳前後に考えていたのは、いかに部落から逃げるか、であった。照美の母親は、照美が思春期を迎えるころから、部落出身を隠すよう、また部落外の人を好きにならないよう教えた。それが母親が考えた、娘を部落差別から守る術《すべ》だった。部落出身を隠し通せ、という父親の教えがテーマとなる明治期の島崎藤村の小説『破戒』は、戦後においても作り話ではなかった。

母親の教えを守り続けた照美は、社会人になり部落差別に苦しむことになる。部落出身者であることを知らない会社の先輩社員は、照美に対し、親切心からか「結婚するときは、部落の人と朝鮮の人には気をつけなあかんで」「部落は凶暴で恐ろしい。足を踏み入れたらまともな体で帰られへんで」と教え込んだ。社内の男性から交際を申し込まれても、部落出身がわかるからという理由で住所が言えず、恋愛に至る前に、自ら身を引いた。十代後半から三十歳になって結婚するまで、照美は二〇回以上転職しているが、そのほとんどが部落差別と関係している。そのような人生を歩んできただけに、わが子の人生にも部落差別が影を落とすのではないか、息子がそれに耐え切れないのではないか、と気が気でならない。

ひととおり央人の話を聞いた後、母親が口を開いた。

「不安やなあ。まだ現実知らんからなあ。そら一方では、若い子が言うように、部落やから何やねん、在日（韓国・朝鮮人）やから何やねん、という世の中になりつつあると思うねん。でも、やっぱりまだまだこの子は現実知らん、また泣くわとか、そういうこと考えてまうねんね」

「わしは彼女と全然考え違うもんね」

口ひげとあごひげを生やした父親が私を見ながら言った。父親は部落外で生まれたが、結婚を機に、この部落に住むようになった。

「部落であろうが何であろうが、世の中は差別しよるかもわからん。そやけどそれに負けるような子育てしてるつもりはないしね。言葉悪いけど、それで負けて自殺しようが何しようがアホや、わしから言わしたら」

「だけどな……」

母親が反論した。

「友達の息子が付き合ってる子と結婚したい言うて相手の家に行ったら、部落出身やからいうことで犬畜生呼ばわりされて悔しい思いして……」

「なんで何も言い返さんの？」

央人が口をはさんだ。

「言い返しても、そんな人は聞く耳もたへんやんか」

母親が少し不機嫌になった。

「しばいたったらええねん」

差別する人間には制裁を加えたらいい、というのが央人の考えだった。部落民であることを日常生活の中では意識しないが、差別されることには腹が立つようだ。息子の言葉に母親が気色《けしき》ばんだ。

「そんなんしたら暴力沙汰になるやんか。手ェかけたりなんかしたら、部落の人は何するかわからへん言うて訴えられたりするやんか。今でもそんなんがあるから、そういうときに親子で泣かなあかんねん」

ただでさえ部落は怖いというイメージがあるのに、差別されたとはいえ、人に手をかけようものなら何を言われるかわからない、というのが母親の考えだ。

「ほならプラスに考えたらええねん。そんな差別を認めるような女と結婚せえへん方がよかったと」

父親はあくまでも現実的である。

「そこまで考えるには長い時間がかかるねん」

恋愛で悩んできた母親は、夫のように割り切ることはできないようだった。

「そんな親に育てられる女は、どうせアホやねん」

息子が身も蓋《ふた》もないセリフを言った。

「そんなふうに思える？　悲しい思いしても」

「うん」

息子は自信たっぷりに答え、父親が同調した。

「部落やから結婚せえへんて、そんなアホな相手と結婚できひんなるのは、逆に言うたら喜ばなあかん」

「もう、ほんまに、無茶苦茶の極論言うねんから……」

何かひとこと言うたって、という表情で母親が私の顔を見た。三人の話は交わりそうで交わらなかった。

こと部落問題に関しては、父親と息子は非常に考え方が似ている。それは男と女の差というより、被差別体験の有無や、差別に対するスタンスの取り方に違いがあるようだった。

後日、レストランで央人に会った。家では両親がいると話しにくいこともあったのではないか、と思ったからである。央人は部落問題に一歩、距離を置いているが、母親は日本基督教団部落解放センターに勤め、父親も地元の解放運動にかかわっている。

――両親は部落解放運動に携《たずさ》わってるけど、息子としてはどう思う?

「別にそんなにいやとは思わないですね」

運動に対する反発はないようだ。

両親を交えて話を聞いたとき、央人は「世間を見返したい」と言った。どういう意味か問い返すと、母親を差別してきた人間に、息子はサッカーで頑張ってる、息子はすごいと思わせたい、と答えた。ふだんは部落を意識することがないが、母親の人生を考えたとき、自分が打ち込めるサッカーと部落問題が結び付いていたのだった。

――母親の生き方は、どういうふうに映ってる?

「差別が厳しい時代に生まれたから、部落から逃げなあかんかった。仕方がなかった。今はあれ（日本基督教団部落解放センター）が仕事になってよかったと思う。だって仕事にせんかったら逃げてるかもしれん。お父さんとか職場の人とか、みんながお母さんを変えたから、今の方がいいと思う」

母親が部落や差別から逃げようとしてきたこと、そこから立ち上がってきたことを、央人はほんの少しも否定的にとらえてはいなかった。

「お母さんは部落から逃げて逃げて逃げてきたから……」

母親の面前でそう語っていた彼を、私はかなり誤解していたようだった。

――家でも話が出たけど、就職とか結婚はどう思ってる？

「就職だったらサッカーがうまかったらどこでも入れるわけやし、だからそんなん考えへん。どうにかなるやろ、という考えがある。結婚は部落差別する奴と出会うとするじゃないですか。そいつとは絶対に合わんし、しゃべらんと思うし……」

――合わん？

「サッカーやってるからすぐそういう言い方をしてしまうんですけど、こっちがパス出しても、相手がパスが来ることを想定してないとプレーがつながらんじゃないですか。差別する奴はこっちが努力して合わそうと思っても、やっぱりどっかでいややし、好きになられへん。

もし相手がそういうふうに思う奴やなと思ったら、一目で合わんていうのがわかるんですよ。けっこう僕あるんですよ。前に付き合った子は、なんか違うなと思ってたけど、お姉ちゃんに紹介してもらったから別れづらかった。そのお母さんが案の定というか、どこかの島の出身で、島とか村のしきたりがけっこう厳しいって言うんですよ」

——合う、合わないというのは部落問題が基準になってる?

「最後にそれって感じ。最初は……外見。それが普通ですよね。僕は別にそんなに気にしてなくて付き合っていくわけやから。部落に生まれたからって人と違って特別な、特殊な人間やって思ってないから」

央人は部落で生まれたことを、何ひとつマイナス要因としてとらえていなかった。自分が差別をされるという実感もないが、仮にされたとしたらそれでも結構、それは合わなかった、縁がなかった、と思えるという。

母親は部落差別を避けては通れなかったが、息子は部落民であることを特に気に留めてもいない。サッカー青年は、部落民という烙印から解き放たれているように私には見えた。

央人と三歳違いの姉、文輝《ふみき》（三十四歳）は、両親と弟が住む部落を離れて五年になる。大学時代にワンルームだが敷金、家賃とも五万円の格安物件を見つけてから京都市内に住んでいる。

「ムラは住みやすいで。あったかいし、好きやで。好きな人が京都にいるし、遊べるから京都に来ただけで、ムラが嫌いで出たわけじゃない」

おかっぱ頭に、ジーンズ姿、ボーイッシュという言葉がぴったりの容貌である。彼女は私が以前に勤めていた博物館に、アルバイトとして働きにきていた。ある日、自転車で一緒に昼ごはんを食べに行く途中、彼女が病院を指さし、

「あれ、何？」

と言った。見上げると病院の壁面に運動団体の旗がペンキで描いてあった。

「あれは荊冠旗《けいかんき》やがな。今、部落の中おんねんで。ところであんた部落の子とちゃうわなぁ」

私が聞くと、彼女は、

「そうやでぇ」

と明るく答えた。同じ立場の私たちは職場では部落問題の話は滅多にせず、もっぱらくだらない話ばかりをしていた。えてして当事者同士というのはそんなものである。取材をする段になって、初めて彼女から部落問題について話をじっくり聞いた。ビールを飲みながら何度か取材したのだが、一回目の取材は、父親とふたりで行った約一ヵ月間のインド旅行から帰ってきたばかりのときだった。

「毎日あのオッサンと一緒いうのは、かなんかった（困った）わ」

長期にわたる親子ふたり旅のしんどさをこぼしていたが、ヒンズー教の中で最下層とされるアウトカーストと呼ばれる人たちとの交流や、彼女が関心をもつインドの刺繍《ししゅう》、織物には刺激を受けたようだった。

弟がスポーツに打ち込む体育会系なら、姉は芸術や文化に親しむ文化系である。京都芸術短期大学で美学を専攻し、将来は美術関係の出版社に就職できれば、と考えていた。短大を卒業後、アルバイトで洋装店に勤めてみたら、接客業が向いているのに気づいた。現在はアウトドアスポーツ専門の衣料を販売するアルバイトの店員である。今の仕事の魅力は？　と問うと「やっぱりものを売る仕事は金に換算できるからええな」と、ナニワの商人のような答えが返ってきた。

文輝が家族の中で最も大事に思うのが母親であり、また、母親が最も頼りにするのが文輝である。

「お母さん、何でも言い。文輝が聞いてやるから」

娘にそう言われると、母親はついつい夫の愚痴をこぼしてしまう。

「文輝は私にとってはマリアさんや」とクリスチャンでもない母親は言う。若いころから部落問題で悩んでこなければならなかったことを、娘には小学生のころから聞かせてきた。

部落差別の何たるかを小さなころから親に聞かされてきた娘は、部落で生まれ育ったことをどのようにとらえているのだろうか。

「大学で美学を専攻したんは、あたしが部落出身やから。というのは、父親は口癖のように『部落の中から文化人が出ないかん』と言うてた。だから小さいころから家に絵本があった。多分、部落出身やなかったら、もっとアホになってたと思う。まあ今でもあんまり考えてへんけど。家庭の影響やと思うけど、いつでも部落民やという立場は忘れたことない。だから障害者とか差別されてる人を差別したくない。自分が差別しないようにしようと思ってる」

小中学校時代は、学校でいじめられている子がいると助けにいったという。その原動力は差別される部落民が人を差別したくない、という彼女なりの考えだった。ただ、部落民という自覚はあっても、部落に深い思い入れはないという。

「性格やと思う。あたしは深く悩むタイプじゃないから。ものすご楽観的。悩んでも、ごはん食べたら忘れる。楽観的なとこは、お母さんと全然違うねん」

部落差別を直接母親から聞いて育ちながら、部落問題において、ふたりの間には〝溝〟がある。かつて母親は娘のいない場で、心底困ったという表情で嘆いたものだ。

「信じられへんねん。あんなによく私のことを理解してくれてて、いざ部落問題の話になると、『何や、この子』と思ってしまうことがあるねん」

母子には経験や考え方に違いがあるというものの、文輝は部落差別と関係なく過ごしてきたわけではない。小学校に入学したばかりのとき、同級生に「お母さんに、あんたのとこに遊びに行ったらあかん言われた」と打ち明けられた。高校でもクラスメートに「なんであんたんとこ住宅安かったりするの？」と皮肉たっぷりに言われたこともある。だが、ある日を境に、彼女の考え方がガラリと変わった。

「あたしがなんで部落差別を馬鹿にしだしたかいうたらな、昔の彼氏の影響やねん。あたしな、それまでけっこう深く考えてたん。わりとちゃんと真剣に取り組んでいかなあかん問題やなって思ってたから。ほんで高校一年のとき、大学生の彼氏に部落出身であることを感極まって泣きながら言うてん。それまでそんな言うたことなかった。ほなら彼氏はそれから部落問題の本を読むようになった。『部落差別ってこんなんやねんなー』『そうやでー』とか言うようにもなって。

で、ある日、『学校で部落出身やからいうて先生に呼び出されたわー。腹立つわー』言うたら、彼が『ぶ、ぶ、部落の大爆笑っ』ってドリフターズの歌をもじって歌いはってんやんか。それがめっちゃおもしろくて（笑）。あたしの傷ついてる心に、彼がひいた（興ざめした）んかもしらんけど、部落差別を馬鹿にするっていうか、それがおもしろかった。こうやって言《ゆ》ってしまったら楽やなあって思ってんやん。ほんで自分でも何かにひっかけて言うてたりしたら、全然平気になってきたわけ」

恋人との会話がきっかけとなり、文輝の部落問題に対するスタンスが変わった。

「そのときからお母さんなりの部落解放とあたしなりの部落解放がまったく違うことがわかったわけよ。お母さんは人に対して、こんなん言うたら怒られるけど、お涙ちょうだいの話をするわけやんか。そういう話は今あんまりないし、すごい大事やと思うねん。だからそういう話はすべきやと思うし、すごい人やなと思う。でもあたしはそんなことしてもだめっていうか、できひん」

今から十年以上前の八八年（昭和六十三年）。NHK大阪放送局が部落問題をテーマにしたドキュメンタリーを制作した。この中で母親の照美は、自らの被差別体験を人前で話す場に娘を連れていき、自分がどんな人生を歩んできたかを娘に聞かせた、という話をしている。

「お母さんの話を聞いてどう思った？」というインタビュアーの質問に、当時、中学一年生の文輝は次のように答えている。

「最初はかわいそう。何回も聞いたら、大きなったら自分もそうなるかな。お母さんは差別に負けてきた。私は、堂々と部落ですと言っていきたい」

まだあどけなさが残る少女は、すでに母親とは違う生き方をするんだという意志を語っていた。

すべて、といっていいほど母親を理解しながら、部落差別に対する見方はかなり異なっている。では現在の彼女にとって、母親はいったいどんな存在なのだろうか。

「あたしが強くならなあかんと思ったのはたぶん、母親のためやわ。もちろん、自分のためでもあるけど。お母さんにはできるだけあたしの泣いてる顔を見せたくないと思ってる。お母さんは三十年間しんどかったわけやん。恋愛もできひんかったし、お父さんが長いことちゃんと就職もせえへんかったし。これからはお母さんの好きなように生きさせてあげたいやん。お母さんの快適な生活を守ってあげたいなって思う」

父親は現在、地元の市役所で清掃や公園整備を行う現業職員として働いているが、結婚後に限っていっても、窓のサッシ取り付け職人、リゾートマンションの営業など、職を転転とした。ふたりの子供が生まれてからも、友人の仕事の手伝いとはいえ、競馬のノミ行為で警察の世話になったこともある。母親は結婚前は部落差別で、結婚後は夫の身勝手さに苦しまなければならなかった。母親にこれからは楽をしてもらいたいという娘の気持ちには、そのような背景があった。それにしても、母親の快適な生活を守る、とは具体的に何を指すのか。

「おかんが望んでる、ある程度のお金と、あたしも弟も幸せで、自分もそこそこ好きな買い物もできて変なことにまどわされない。例えばあたしが結婚差別に遭うとかいうたら、お母さんすごい負担やと思うし、そういうことがない平凡な生活かな。それだけやで」

母の歩んできた道を知るからこそ、部落差別で心配をかけたくないと思う。だが、その一方で、たとえ差別を受けても、自分なりに解決できるという自信もある。

「あたしがおかんが心配してるなあと感じるのは、例えば結婚するときに、向こうの親から反対されんようにしてほしいとか、そういうことかな。あたしは別に結婚差別とか、そんなこと起こってしまってもいいと思ってんねん。だってもうあたしは部落に生まれてしまってんねんし、そういう状況って回避できるもんでもない。そうなってしまったらなってしまったであたしは別にいいんねん。お母さんに迷惑かけるつもりもないし。そら泣くよ、しんどかったら。そやけどそれだけの話。でもおもろいで、うちのお母さん……」

言う前に思い出したのか、ふふふ、と笑った。

「あたしが恋愛で悩んでて、おかんに電話したら、後で弟に『そんなことで悩んどったら恋なんかできひんなー』って言うたらしいねん。そういうことはそうやって言えんねん。でも部落差別のことに限っては特別な思いがあんのと違う。絶対悲しい思いをさせたくないんや」

母親の心配をよそに、娘はしっかりと自分を築いている。

「端《はた》から見てたらおもろいと思うかもしれへんけど、家族はもうたまらんで。これまで父親にどんだけ泣かされてきたことか。あのオッサンは自分が一回言ったことは曲げへん。なんぼ自分が間違っとってもやで。悪魔やで」

そう言った後、言い過ぎたと思ったのか、優しいところ、さみしがり屋のとこもあるけどな、と付け加えた。悪態をつきながらも、文輝にとって父親の存在は大きい。

部落で生まれ育った母親は、住む場所に関しては部落を出たことがない。一方、父親は部落外で生まれ、結婚を機に部落に移り住んできた。いわば部落外と部落内の〝複眼〟をもっている。この経歴が、家族にも少なからぬ影響を与えている。

文輝が中学生のころのことである。クラスで部落問題を学習する時間に、担任の教師は、彼女に部落出身であることをみんなの前で言わせようとした。同和教育に熱心な教師がよくやることだが、彼女は気がすすまなかった。みんな知ってるのに、なんでダシに使われなあかんねん。そんな疑問があった。その話を聞いた父親は憤った。当時を振り返り、父親は次のように語る。

「だいたい教師は、部落の子は頑張れ、在日（韓国・朝鮮人）やから頑張れとか、思い入れが大きいうかね。自分の意志で言うのはええけど、教師に言われて部落民宣言とか本名宣言とか、教師はそのときええかっこできるけど、本人は一生、それ背負《せお》て生きていかなあかんねんから。こんなん言うたらおかしいけど、わしは差別してきた人間やから、世の中の差別いうのはよう知っとるわけやね。そやからせんでええことはせんでええと。部落出身やと言うても得《とく》ないねんから。わしの現実論からしたら、損か得かで割り切った方がものすごいわかりやすい」

このころ彼女は父親に、「自分の中で部落問題をどうとらえていくかが一番大事なんちゃうんか」と言われた。言われてみれば、部落出身という立場を自分の中でマイナス要素として見過ぎていたのではないか、と思った。自分の考え方次第で、世界は違って見える――。父親の一言で気持ちが楽になったという。

結局、文輝はクラスでは言わなかった。

彼女の話を聞いていて感じるのは、部落問題という多分に湿気を含んだテーマであっても、じめじめしたところがまったくといっていいほどないことである。それは彼女のあっけらかんとした性格に加え、部落外からきた父親の存在が作用しているように思える。考え方において影響を受けながらも、文輝は部落問題に関して、父親だけは家族の中では〝特別な存在〟と考えている。

「基本的にはお父さんは家の中では別の人なんやねんな。お母さんとあたしと弟は、こんな言うたら失礼なんやけど血ィつながってるというか、部落の人って感じやけど、父親はほら、お母さんと離婚した時点で部落との縁が切れるから部落の人じゃなくなる、とあたしは思ってんねん。そやしオッサンは好きなことできんねや。こんなこと言うたらお母さんに怒られるけど……。

母親は『自分は部落出身です』って言うのがキツかったんや。自分の娘や息子や親戚のこともあるし。父親は平気で『僕は部落の人間です』って言う。あたし、それはないと思うねん。お母さんは『そんなかわいそうなこと言うたったらあかん』って言うてたけど(笑)」

父親が「別の人」であるのは、運動スローガンが書かれたゼッケンをつけるときにも実感するという。

「うちのおやじは平気でゼッケンつけて外歩いたりするわけよ。お母さんは、部落をあからさまにするのがいややねん。あたしは別の意味でダサイとか思うねん。弟はそういうの絶対ダメ。そういうのでも全然違ってくるから」

以前、父親は私に「いつまで経ってもムラの中では入《い》り人《びと》は入り人やねん」と語ったことがあった。入り人とは、部落に入って来た部落外の人という意味である。父親は部落に住んで三十年近くになるが、いまだに「よそ者」として見られるのを感じるという。意外にもきわめて身近な家庭という場で、そう感じている人間がいたわけである。

「父親は部落問題でしんどなったらフェイドアウト(次第に消えること)できるもん。あたしはひとつしか道はないやん。お父さんはふたつ道があるんやって、あたしちっちゃいときからずっと思っててん。そやし好きなことできんねって。あたしはどこまでも母親の味方やねん」

家族の中でもお父さんは別——。裏返していえば、逃げることができない立場を、文輝は自覚している。

私は彼女が弟をどう見ているのかについても聞いてみた。

「ええ感じの自信過剰なとこあるわ。Jリーガーになるいうてほんまに思てるとこもある。そやって言《ゆ》ってたらほら、自分のケツたたいてることになるやん。ほなら頑張るやん。そやしええんちゃう。家建ててもらうから、あたし」

部落差別については心配？　とってつけたようではあったが、私は一応質問してみた。

「あの子は勝手にやるやろ。そやけど金遣いがあらいねん。そのへんかな、心配なんは。もらってすぐに使うから。父親とすごう似てるわ。いやんなるわ、あの人ら」

そんな父親と弟を身近に見ているせいか、文輝はまず何よりも経済的に自立し、男に頼らずに生きたいという。彼女なら、そのようにして生きていくに違いない。文輝の話を聞きながら、もし彼女に子供ができたら、部落差別を笑い飛ばしてしまいそうな、恐ろしくパワフルな子供が育つだろうなと思った。

部落民と入り人、被差別経験の有無、そして性格。四人それぞれに異なる五十嵐家は、部落という共通点に関しても、やはりそれぞれ違うスタンスをもっている。部落差別が深く人生に影響を与えた母親と部落外からきた父親。ふたりの子供は親を通して、ときには部落を意識しながら、それぞれの道を歩もうとしている。

# 第二章　選択

「おかん、話があんねん」

「なんや?」

「俺、結婚しようと思てんねん」

今から約十五年前、大阪府松原市に住む上田郁夫(三十七歳)は、夕食をとった後、母親に切り出した。高校時代から付き合っていた千恵美から、数週間前に妊娠したことを知らされた。そのときふたりはともに二十二歳で、付き合いだしてから七年が経っていた。二十歳を過ぎたころから、ふたりの間ではそろそろ結婚しようか、という話が出ていた。これをきっかけに、と郁夫は腹を決めていた。

「実は子供ができたんや。そやから結婚するわ」

「あかん。絶対にあかん」

反対の理由は、千恵美が部落出身者だからだった。母親の反対は郁夫には十分に予測できた。彼女が家に出入りしているころから「付き合ってもええけど、結婚はあかんで」と釘《くぎ》を刺されていたからである。父親も母親と同じ考えだった。

「なんで部落の子と結婚したらあかんねん」

「上田家に部落の血が入るやないの」

母親の言葉に、郁夫はこれ以上議論しても埒《らち》が明かないと思った。

「もうええわ。俺は結婚するからな。それでもあかん言うんやったら上田家から俺をはずすなりなんなりしてくれ！」

そう言い放つと家を飛び出し、その足で数キロ離れた千恵美の家に向かった。

到着するなり郁夫は彼女の母親に、結婚を反対されたので自分から親子の縁を切ったことを報告した。

「アホか、あんたは！」

千恵美の母親は一喝《いっかつ》し、郁夫をたしなめた。

驚いたのは千恵美である。それまで学校や家庭で、結婚差別があることは聞いていた。部落外で生まれ育った千恵美の母親も、部落出身者である父親との結婚で大反対を受けた。だが、まさか自分が差別を受けるだろうとは思いもしなかった。なぜなら郁夫の親は、千恵美が家を訪れるたびに「ごはん食べていき」「ふろに入り」「今日は泊まっていき」と歓待してくれていたからである。あんなに優しかったおっちゃんとおばちゃんが、まさか反対するとは……親とのやりとりを郁夫から聞き、そのときになって初めて千恵美は「自分の考えは甘かったかなあ」と思った。

郁夫が千恵美と初めて会ったのは、高校一年生のときである。麻薬以外のことはたいがいやった、という郁夫は、中学校の担任教師に校区に部落がある大阪府立松原高校（松原市）への進学を勧められた。あそこなら少々やんちゃをしても、また成績が悪くても、なんとか面倒を見てくれるだろう、というのが担任教師の読みだった。入学早々、教室で郁夫の後ろの席にいた友人が話しかけてきた。

「あの後ろにおる吉川ってかわいいやろ」

「そうかあー。お前、気があるんちゃうか。お前がいくぐらいやったら、俺がいったらぁ」

吉川は千恵美の旧姓である。俺がいったらぁ、とは言ったものの、そのとき郁夫には中学時代から付き合っていた彼女がいた。

それから約半年後。郁夫は夕方から友人たちと一緒に秋祭りに行った。祭りを楽しんだ後、付き合っていた彼女を家まで送り届けた。再び祭り会場に戻るため、自転車を必死にこいだ。夜にもかかわらずサングラスをしていたため道端の大きな石に気が付かず、もんどりをうって引っ繰り返った。目の上にたんこぶをつくって祭り会場に着くと、いるはずの友人が見当たらない。捜すのをあきらめて家に帰る途中、千恵美と出くわした。会話がはずみ、しばらく千恵美が住む改良住宅の裏手で話し込んだ。十一時ごろに彼女と別れ、帰宅するといきなり母親に問い詰められた。

「あんた、何してたんや！　吉川さんと一緒におったやろ」

「おったよ」

「今すぐ謝りに行き！」

「はあ？」

よくよく話を聞いてみると、千恵美の母親が、娘の帰りが遅いのを心配し、娘の友人の何人かに電話したらしかった。「郁夫ちゃんと一緒におるのを見たで」という話を聞き、上田家に電話をかけてきたというのだ。

「なんも悪いことしてへんのに、なんで謝りに行かなあかんねんな……」

郁夫はそう思いながらも姉についてきてもらい、謝りに行った。

その日を境に、ふたりは付き合っているらしい、という噂が学校で広まった。気を悪くした彼女に郁夫はふられてしまう。ふられたその日から、郁夫と千恵美は付き合い始めた。千恵美が部落の出身であることは知っていたが、郁夫にとってそんなことは何の問題にもならなかった。何度も家に連れてきて親にも紹介した。郁夫も千恵美の家をしょっちゅう訪れていた。千恵美の父親は地元の食肉センターに勤めていたので、家では口にすることもできない新鮮でおいしい肉を食べることができるのも魅力だった。家で夕飯が用意されていても千恵美の親から「ごはん食べにおいで」と電話がかかってくると、迷わず飛んでいった。

高校を卒業後、郁夫は電化製品の販売店に就職し、千恵美は化粧品店で働きだした。社会人になってもふたりの付き合いは続いた。そして千恵美が妊娠した。

千恵美の腹は次第にせり出していった。両親の反対があっても郁夫は千恵美と結婚する意志を変えず、両親は結婚をしぶしぶ承認せざるを得なくなった。千恵美の母親はふたりだけの結婚式を提案したが、結婚が決まった時点で郁夫の親は「こういうことはきっちりとせなあかん」と親戚を呼んでの結婚式を主張した。

「あれだけ反対してたのに、なんでやねん」と思いながら、ふたりは急遽《きゅうきょ》式場を探し、予約を済ませた。急いで準備したため、式の前々日に結婚指輪がないことに気づく始末だった。

十二月のよく晴れた日。結婚式の会場となった地元商工会議所の大広間には、双方の親、親戚、友人一〇〇人ほどが出席し、盛大に祝宴が開かれた。誰もがふたりを祝福した。だが、その日に至るまで、一方の親の大反対があったことを、出席者のほとんどは知らなかった。

結婚式のとき、すでに千恵美の腹の中にいた長男は、中学二年生になる。郁夫はその後、精肉店の営業、スナック経営を経て、現在は地元の食肉センターの職人として毎日、牛と豚を捌《さば》いている。結婚当初は部落外に住んでいたが、子供が小学校に入学するのを機に、千恵美の生まれ育った部落に移り住んだ。

あれだけ強硬に結婚を反対した郁夫の両親だったが、今では家庭菜園で採れた野菜をもっていかせたり、孫に小遣いをあげたりといった、ごく普通の関係が続いている。

郁夫の親は、あのとき何が心配で結婚に反対したのだろうか。反対したことを今はどう思っているのだろうか。私は郁夫に頼み込んで両親の話を聞かせてもらうことにした。

取材はOKが出たが、私は不安だった。両親は結婚を反対したことを後悔しているかもしれない。もしそうだとしたら、自分たちの「罪」を話してくれるだろうか。あまりしゃべってくれないのではないか……。そんな心配を胸に、郁夫に連れられ両親が住む家を訪れた。行く途中、「わしも本に載るんかいな」と父親が嬉々として語っていたというのを聞き、取材の趣旨がわかってはるんやろか、とさらに不安になった。

座卓の前に座っている郁夫の両親は、とても七十歳とは思えないほど矍鑠《かくしゃく》としていた。特に警戒した様子もなく、私は胸をなでおろした。しばらくするとビールとおつまみが出た。こうなったら単刀直入に聞くしかない。ふたりの口がなめらかになりだしたころ、取材に入った。

「で、なんで反対しはったんですか？」

これ以上ないと思える直截的《ちょくせつてき》な質問に、父親は語り始めた。

「僕は部落民が嫌いなことないよ。団体がキツいねん。僕ね、よう忘れんわ。戦時中で僕が十代後半のころに戦闘機の部品をつくる工場で、タンクに打ち付ける鋲《びょう》をつくる職場におったんや。ある日、近くの部落の若い衆が、職場にあったふいごを利用してハンマーで刀をつくってたんや。それを僕が上司に報告した。後で知ったことやが、その若い衆は上司に怒られたらしい。その日、仕事を終えて帰り道を歩いてたんや。家に帰るには部落を通らないかん。そしたら部落の入り口の上水道のところで、三〇人ほどが先を尖《とん》がらせた竹をもって僕が来るのを待ってた。上司に告げ口したからや。殺そうと思たんか、その集団がこっちに走ってくるのが見えたんで、怖くなって走って逃げた。ほら、怖かったで。仕返しにあったら怖いから二、三日は職場に行かへんかったな。戻っても何もされへんかったけどな」

戦時中にあった部落との不幸な出会いが、父親の脳裏から消えることはなかった。何か事が起こると集団で襲ってくる――。戦時中の記憶が、息子の結婚という状況になって甦った。

「郁夫がチコ（千恵美）と結婚して、向こうの組織に染まってしもたら困るなあと思た（『染まってるよ』と郁夫。彼は地元子供会の親の会で役員を務めている）。若いときに怖い目に遭《お》うてるからね。今でもそういうこと、あると思う。とにかく団体で寄ってくる。団体がキツいねん」

関西では「キツい」は「猛烈な」を意味する。息子の結婚を反対した理由は、戦時中の恐怖体験であり、息子が「怖い団体」に入ってしまうのではないか、という恐れだった。

母親のイメージもさして父親と変わりはない。

「私らが結婚に反対したら、団体で抗議にくるっていうことは聞いてた。私らが殺されるようになるかもしれへんていうのは思たわ。私は本当は、結婚の時期を延ばしたら、その間にどっちも不満になるやろと思とった。ところがどっこいそうやなかった……」

母親にある部落のイメージは、部落大衆が発言や行動に現れるさまざまな部落差別に対して徹底して抗議した糾弾《きゅうだん》である。だが、母親は、糾弾を受けたわけでも、夫と同じような体験をしたわけでもない。にもかかわらず、部落は集団で押し寄せて来て、殺される、という〝思い込み〟があった。

取材を始めてすぐ、自分たちの「罪」をしゃべってくれるだろうか、という私の心配は杞憂《きゆう》だったとわかった。逆にこちらがたじたじになるほど明け透けに語ってくれた。

それにしても、部落は怖いというイメージは、千恵美というひとりの女性を通しても覆《くつがえ》らなかったのだろうか。すでに記したように、郁夫は恋愛中、千恵美を何度も家に連れてきている。部落という「団体」や「集団」という枠組みではなく「個人」として千恵美をみたとき、両親には何の不満も問題もなかったという。例えば母親は「あの子の性格はかわいいとこあんのよ。おとなしいし、すれてない」と評価は高い。だが、どれだけ気に入ろうが、息子の結婚相手が部落民であることが両親には譲れない一線だった。

では母親にとって部落民との結婚を反対する一番大きな理由とは何だったのだろうか。言葉を探りながら母親は語った。

「理由はと聞かれても、言われへんわ……難しい話やわ……そうやなあ、私やっぱり堅い家に生まれてますねん。親は町会議員してるし、きょうだいは官庁に勤めてるから、私はものすご堅物《かたぶつ》で大きなってますねん。はっきり言うたら、私自身は部落の人との結婚は考えられへんかった」

母親には、自分が育ってきた環境の中で形成されてきた「家柄」という考えがあった。「堅い家」に生まれた自分の息子が「部落の女性」と結婚することなど想像もできなかった。

「私は息子に言うた。女の人は大勢いてるのに、そんなにあわてて結婚せいでもええって。でも、はっきり言うてチコはこの子に惚れてる。うちの家にも来てたからわかる。無理に引き裂いてね、別れさしたら自殺しとったと思うわ。そやからまあしゃあないわと思て結婚さしたんですわ」

母親が最も恐れていたのは息子の恋人の自殺だった。

「なんかあってみいな、親がえらい目に遭うわ」

父親が母親に同調した。実際に結婚差別を受け、自殺や心中をした例はいくつもある。郁夫の両親はそのことを心配したのだった。

「まあ、許さなしゃあないやろっていうことで私らふたりが泣き寝入りしましたんや。それから私、病気しましたよ。ショック受けて心臓悪くしちゃった。いまだに薬飲んでますねん」

母親は胸を押さえながらショックの大きさを語った。結婚差別を受け、破談になり被害者側が泣き寝入りをする話は聞いたことがあるが、その逆のケースがあるのを知ったのは初めてだった。そんな「堅い家」に生まれてこなければ心労もなかっただろうに、と思うと母親が不憫《ふびん》に思えてきた。

話を聞いていると、千恵美の人柄をまったく別にして、母親の言葉のはしばしに、息子の嫁はできたら部落民ではなかった方がよかった、という本音が見え隠れしていた。「家柄」という古くて重い鎧《よろい》を、脱ぎ捨てようとするどころか、抱きかかえるようにして、必死にしがみついているように私には思えた。

郁夫の両親は、千恵美の里を周囲に言わないようにしている。

「部落の人をもろたということは親戚にはいっさい言わんとこうということで今まできてる。『嫁さん、どっからもろたん？』と聞かれたら『松原からや』と言うだけ。近所の奥さんからも『ええ嫁さんもろたな』て言われるもん。部落とは全然知らへん。だから私は株が上がってますよ。まあ何も私が結婚した相手がどこの人やというんじゃなくて、言うたら息子の嫁さんやからね」

自分に言い聞かせるように母親は語った。直接わが身にふりかかった〝災厄《さいやく》〟でなく、わが子という〝ワンクッション〟があったことが被害者意識を薄めているようだった。

息子の結婚に関し、母親の理想と現実は異なる。そのズレを埋めるためには、母親なりの納得の仕方があった。

「いややな、えらいところから嫁さんをもらうねんなと最初は思ったけど、ともかく、うちの子になって、うちの子として育てていって、うちの嫁にしたらええわっていう気持ちに切りかえた。うちの嫁やから大事にしてやらなあかんなっていうのが、私の今の本音や」

母親は何度も千恵美が「うちの嫁」であることを強調した。話を聞いていて、そこまで部落を忌避する心理が、私には理解できなかった。ひと昔、ふた昔前は、部落出身者との結婚は門前払いが多かった。そのころと比べれば現在は部落と部落外の結婚は格段に増えた。だが、門前払いはなくなったが、門の中に入れたところで、〇〇家に入った、部落の籍ではなくなったということであれば、門は依然として存在したままであり、差別−被差別の構造は変わらないままではないか。私は当事者のひとりなのだが、その強固なイエの論理には「ははー、そういう考え方があるんですか」と怒りを通り越して感心してしまった。私は両親に、上田家と部落民についてしつこく聞いてみることにした。
――今は千恵美さんのことをどう思ってるんですか？
父親「僕は部落民と思てない」
母親「うちの子やと思てる」
――でも部落民でもありますよね？
母親「そやけど、うちの家に嫁に来たから。私はもう割り切っちゃったから」
――部落で育った孫はどうですか？
父親「孫も一緒やんか」
母親「孫もうちの子や」
父親「部落民と思てない」
――部落民やったらあかんのですか？
父親「あかんということはない」
――部落民であってもええわけですか？
父親「…………」
郁夫「つまっとんねん（笑）」
父親「部落民であってもええかと言われたら……ええことないな」

郁夫「子供は部落民やで。半分は部落民や」

部落民であっても別にかまわないという考え方と、部落民であっては困るという意識には、かなりの違いがある。部落に住み、なおかつ片親が部落出身者であれば、周囲からは部落民として見られる。そう見られる限り、部落民でないと解釈してみてもあまり意味はない。

「これ、なんで部落民、部落民言うの？　なくすことできひんのかな」

部落民をめぐってのやりとりに、父親が根本的な疑問を呈した。

「ほんまはなくしたいで。なくせたらええねんけど、それができひんから……」

母親が本音を漏らした。ふたりがなくしたいのは部落差別ではなく、部落民という言葉であり、存在だった。

「部落民って一生なくならんと思う？」

父親が再び素朴な問いを投げかけた。私は答えた。

「そんなことないと思いますよ。差別がなくなったら部落民はなくなるわけですやん」

「なんで差別するんかな？」

父親が私に向かって聞いた。それを聞きに私は両親に会いにきたのである。

「それは僕が聞きたいんですけどね」

そう言ったあと、滑稽《こっけい》なやりとりに、私は思わず吹き出してしまった。つられて両親も笑った。

「誰が差別するのかな？　部落民と違う人が差別するのかな……」

父親はまだ問い続けていた。差別しているのは、お父さん、あなたですよ、という言葉が喉元まで出かかったが、言えずじまいだった。


多くの人にとって部落問題は〝他人事《ひとごと》〟でしかない。ところが結婚相手が部落民であることがわかると、人によっては「部落民が身内になる」という意識が生まれる。そのとき、これまで縁遠かった部落問題が初めて〝わがこと〟になる。家族はおろか、親戚まで出てきて横槍《よこやり》を入れるケースがあるのは、部落民が身内になることへの嫌悪感があるからだろう。

私の場合、相手はたまたま同じ大学出身だった。彼女は私が部落出身であることも、大学で部落解放研究部に所属し、学内で活動していたことも知っていた。数ヵ月の同棲を経て――正確には私が転がり込んだのだが――初めて会った彼女の親に「いつ結婚するの？」と先制パンチを放たれ、あれよあれよという間に知り合いの寺で新郎になっていた。

彼女は私が書いた部落問題に関する原稿などを親に渡していたので、私は出自のことに関しては何も言う必要がなかった。そもそも結婚という選択肢が私の中にはなかったし、たとえ反対されたとしても、驚きはしなかっただろう。私の場合、あっけないほど何も起こらなかった。

だが、私の親の世代となるとまったく状況は異なる。父は一九三二年（昭和七年）、母は三四年（昭和九年）生まれであるが、両親が結婚した五〇年代後半は部落出身者同士の結婚がほとんどだった。

世代による結婚相手の変化は統計に現れている。九三年（平成五年）の総務庁の調査では、八十歳以上で「夫婦とも部落」は七九・四パーセントだが、二十五歳未満では二四・四パーセントで、部落と部落外の結婚が四分の三を占めている。

これらの数字は、私の実感とも重なる。自分自身を含め、私の周囲で部落出身者同士で結婚した、という例は少ない。私の知る限り、出身者同士というケースは、幼なじみだった、部落解放運動で知り合った、出身者同士をとりもつ仲介者の紹介で知った、蓋を開けてみるとたまたまそうだった、という四つのパターンに分けられる。たまたまというのはごく稀《まれ》にある。知人の部落出身の女子大生は、恋人に打ち明ける布石として部落問題に関する授業に連れていった。その日は部落の食生活がテーマに含まれていた。資料を見ていた彼は部落でつくられる牛や馬の腸を煎《い》った油粕《あぶらかす》を食べたことがあるという。不思議に思った彼女が聞いてみると、なんのことはない、彼も部落民だった。彼女の不安は、霧が晴れるように一挙に吹き飛んだ。

年齢が若くなればなるほど部落と部落外の結婚は多くなるが、若い世代ほど部落を差別することは間違っている、結婚差別は意味がないと考える人が増えているからであろう。

知人の二十代半ばの女性は、父親が部落出身者で、父の里の部落で育った。今から約三十年前、両親が結婚する際、母親の親・親戚から猛烈な反対があった。結局、母親は親子の縁を切って部落に嫁いできた。結婚後は冠婚葬祭を含め、一切の付き合いが断たれた。それから三十年。母親と同じように自分も差別を受けるのではないか、と不安に思った彼女は、あらかじめ彼に部落出身であることを告げた。彼は「僕は何の問題もない」と言った。次の関門は彼の両親である。両親には彼が話すことになった。ふだんは早く寝てしまうという父親に起きていてもらい、彼が緊張した面持ちで切り出した。一通り話を聞いたあと父親が言った。

「そんなことをわざわざ言うのは、お前がそのことを気にしてるからとちがうんか」

彼女と彼の不安は、取り越し苦労に終わった。

この母子にとっての三十年という歳月を見ただけでも、確かに結婚差別は変わったと言える。ただ、すべての人が彼の親のように「問題なし」と思うかといえば、けっしてそうとは言い切れない。私が実際に会った、大分県日田《ひた》市に住む四十四歳の男性は、部落出身という理由で相手の親の反対を受け、二十代から三十代にかけて三度も破談になった。私のきわめて身近な人物も親がらみで差別を受けた。結婚差別は減ったとはいえ、まだ残っているのも現実である。そんな話を聞くたびに、「あー、やっぱり差別はあるんやなあ」と結婚差別を経験していない私は実感させられる。

なぜいまどき、そんなことを気にするんだろう。相手が部落出身者であろうがそんなことは関係ないではないか。読者の多くはそう考えていることだろう。私だってそう思う。だが、手塩にかけて育ててくれた親や、小さなころからかわいがってくれたおじいちゃんやおばあちゃんが、部落出身者との結婚に対して否定的だったら……。身近な人に、部落出身者はやめといた方がいいよと言われたら……。場合によっては、そんなことは関係ない、と思っていた自分がもろくも崩れ去っていくこともある。

親の反対に遭ったふた組のカップルのケースを紹介したい。

東京にあるNGO（非政府機関）、反差別国際運動日本委員会に勤める熊本理抄《りさ》（二十七歳）は、福岡県の部落で育った。地元の高校に入学してまもなく、その後、七年間付き合うことになる同級生と出会う。高校時代は部落問題に関心がなかった。進学校に通っていた彼女は、むしろ同じ立場の人間を、なぜもっと勉強しないのだろうと一段低く見ていたところがあった。部落問題に関心がなかったというよりも、避けていたという方が正確だろう。高校卒業後は語学を身につけ、海外に雄飛することを夢見て神戸市外国語大学英米学科に進学する。恋人は広島の大学に進み、遠距離恋愛を続けた。

大学四年生になり、夢を実現すべくアルバイトをして貯めた資金でカナダに留学する。日本を離れ、海外で過ごした約一年間が、彼女に部落問題に目を向けさせるきっかけとなった。

「外国に行ったら部落問題は誰も知らないと思ってたけど、けっこうみんな知ってた。『外見ではわかんないのに、なんでそんな差別があるの？』ってみんな思うらしくて、すごく興味をもってたんですよ」

日本人なら部落問題のことは知っているだろうと質問されることがあったが、うまく説明できなかった。ましてや自分が部落民だとは言えなかった。ところが先住民族（いわゆるインディアン）が住む地域に行くと、不思議に親近感がもてた。貧困、失業、差別される存在……彼らが抱える問題は自分が育ってきた部落と共通していた。彼らの前では部落民であることを気負いなく言えた。だが、部落の現状や、差別とどのように闘ってきたのかという質問には、ほとんど答えられなかった。日本では避けてきた問題に、遠く太平洋を隔てた地で、初めて向き合うようになった。

留学から帰国して間もなく、知り合いを通じて現在の職場が職員を募集していることを知る。反差別国際運動日本委員会は部落解放運動団体の肝いりで設立されており、カナダではうまく説明できなかった部落問題を自分なりに掘り下げて考えてみるにはいい機会だと思った。それまで学んできた語学が生かせ、なおかつ日本の被差別者と海外のマイノリティの交流を目指す活動にも魅力を感じた。さっそく応募し、採用が内定した。

一方、高校時代から付き合っていた彼は、両親と同じ大学教員を目指すべく、イギリスの大学院に三年間留学することが決まった。高校、大学を合わせて七年間付き合い、卒業後はいつかは結婚を、とお互いが考えるようになっていた。ただ、熊本には彼の両親が部落出身である自分のことをどのように考えるのか、不安がないわけではなかった。

「大丈夫。親には自分の口から話しておくから」

ふたりの間で結婚が話題になったとき、彼はそう言った。熊本は彼に任せることにした。

ふたりの進路が決まり、卒業を間近に控えたある日、熊本は彼の実家を訪れた。卒業後の話になり、熊本の就職が話題になった。母親が畳《たた》み掛けるように問いかけてきた。

「どういう仕事をするの?」

「それはどういう団体?」

「なぜそんな仕事をしたいと思ったの?」

質問に答えていくうち、熊本が部落出身であることを、彼が親に話していないのがわかった。次第に心臓の鼓動が激しくなっていくのが自分でもわかった。彼はその間、熊本の顔をちらちらと見るだけで一言も発しなかった。結局、熊本は自分の口から部落出身であること、留学をきっかけに部落問題に関心をもったことを説明した。母親は、熊本の話を聞いた後、諭《さと》すような口調で言った。

「そういう仕事をすることを、あまり人には言わない方がいいわよ。その方が生きていきやすいからね」

彼の家を訪ねて数日後、彼から電話があり、母親が語っていたという言葉を聞いた。

「あの子のことは気に入ってます。でも、出身は言わなければわからないでしょ。だからそのことを私たちの親戚にも言わないでね。あの子はいい子だから……」

熊本は自分の出身を、例えば彼の親戚に言うつもりはまったくなかった。だがそのことを、たとえ恋人の母親とはいえ、他人に言われる筋合いではないと思った。彼と結婚したところで、いったん出自を隠せば、一生隠し通さなければならない。部落出身であることよりも、隠すことのつらさを考えた。

「結婚するかしないかはふたりの問題。自分さえ納得してたらそれでいいだろ」

最初はそう断言していた彼は、自分の親が熊本の出自を知ってから、

「結婚は親にもきちんと理解してもらいたい」

と言うようになった。

熊本が「うちの親にも会ってほしい」と言うと、「あんまり会いたくない」という返事が返ってくる。部落出身であることについて「大丈夫、俺は気にしない」と言い切っていた彼が、両親との関係の中で微妙に変わっていった。

大学を卒業後、熊本は大阪で働き始めた。彼は半年後の海外留学まで日本にいることになった。大阪―広島間の遠距離恋愛になったが、ふたりの付き合いは続いた。

熊本は就職して一年目から、来日する各国のマイノリティを迎えたり、逆に海外に出て両国のマイノリティの橋渡しをする活動を続ける中で、自分の世界が少しずつ広がるのを感じていた。部落解放運動の考え方や活動に接することもできた。仕事で受けた刺激を、彼に熱心に電話で話しかけたが、反応は冷ややかだった。

「差別をする、しないじゃなくって、そういうことを気にしない、第三者もいるってことをわかるべきだよ。運動とか押し付けないでほしい」

熊本には運動を押し付けるつもりは毛頭なかったが、少しでも部落問題をわかってほしいという気持ちはあった。彼の両親が部落を否定的にとらえているのでなおさらだった。だが、彼の家を訪問してから、そして熊本が就職してから、ふたりの間の溝は徐々に広がっていった。熱湯が湯に、そして水になるように関係は冷めていった。結局、彼は何の結論も出さないままイギリスへ旅立った。留学してまもなくは手紙のやりとりもあったが、転居したのか連絡先もわからなくなった。

ふたりの関係が切れても、彼の母親からは旅先から書いたらしい絵葉書が届くこともあった。時候の挨拶《あいさつ》に続いて近況を問う文面が連ねてある。が、熊本には、いろんなことがあったけど、私たちは関係が切れたわけではないのよ、私は差別したわけではないのよ、という意志をそれとなく示しているように思えてならなかった。

「あなたは、あなたでしょ」

部落問題が話題になったとき、彼の母親は熊本にそう言ったことがあった。だから部落出身であることを他人に言う必要はないんじゃないの、というメッセージが言外に含まれているように感じた。「わたしはわたし」だと思うが、それを自分以外の者が言うと、意味が違うと思った。彼の父親も妻の意見に異を唱えなかったようだった。

部落出身であることを口外しないという条件をのんでいれば、彼との関係は違った展開になっていたかもしれない、と熊本は今でも思う。

「もし彼が留学していなかったら、彼の親を説得して結婚して……というふうになってたかもしれない。ある人からは『なんでもっと闘わなかったの。あなたは解放運動を何もわかってない』と言われたこともある。でも糾弾して何が残るのかなと思う。両親と会った後、彼は『親にはおいおい話をしようと思ってたんだけど、話せないままだった。理抄の口から言った方がいいと思ったんだよ』って言ってた。彼は親に部落のことは話したと言ってたけど、そうじゃなかった。あたしは彼が信じ切れなくなってた。彼が親とどんな話をしてたのかもわからない。本当は頑張って話してくれてたのかもしれない。だから恨んだりもできないし……」

彼を信じられなくなったが、信じたい気持ちも残っている。わからないのは、彼が両親とどのような話し合いをしていたか、ということだった。親を説得しようと試みたのか、それとも逆に親の説得に素直にうなずいていたのか……。ただはっきりしているのは、彼が熊本ではなく、親を選択したということだった。

結婚をするのはふたりなのだが、親がしゃしゃり出てくるケースは少なくない。支援するのならまだしも、何かと理由をつけてつぶしてしまうこともある。その理由が部落出身だからというのでは、当の本人たちにとって、とうてい納得できるものではない。熊本のケースとは逆に、親の圧力に最後まで屈しなかった例もある。

斎藤博（三十代、仮名）は関西にある報道機関に勤めている。現在の妻、道子（三十代、仮名）とは九年前に知り合った。付き合い出して約一年が経ったころ、博が道子の実家を訪ねた。結婚の話題が出たとき、道子の母親が言った。

「たぶん、あんたとこの家は、うちらのこと気に入らへんと思うよ」

博はそれが何を意味しているのかわからなかった。博が道子を実家に呼んだとき、博の母親は、道子に親の職業や出身地を尋ねた。彼女が帰ったあと、博の母親が言った。

「あんたわかっとんか。あの子は部落の子やで」

そのとき初めて、博は道子の母親が言っていた意味がわかった。博は「それがどないしたんや」と思うだけで、道子が部落出身であっても何の問題も感じなかった。ところが母親以上に、その場にいなかった父親が、道子の親の出身地にこだわった。そうすれば父親の考えは変わ

とにかく一度実際に会ってどんな人物か見てもらおう。そうすれば父親の考えは変わるるかもしれない――。そう考えた博は、ファミリーレストランで両親と道子を会わせた。博はその場で「道子と結婚しようと思てる」と明言したが、父親は終始黙り込んだままで、手持ち無沙汰に扇子《せんす》を広げてあおぐばかりだった。

「ファミレスに扇子は不釣り合いやなあ」

父親の仏頂面を見ながら道子はそんなことを考えていた。博の両親が結婚に反対であることは一目瞭然だった。事実、それから博の父親は道子に会おうとはしなかった。

博は就職を機に実家を離れていたが、数ヵ月に一度は帰省し、父親への説得を試みた。部落出身というのがなぜ結婚を反対する理由になるのか。何度問いただしても納得のいく答えは返ってこなかった。

「なんでわざわざそんな子と一緒にならなあかんねん」

「理屈やない、わしは怖いんや」

具体的に何が怖いのかを聞いても口ごもるだけで、まさに理屈ではなかった。ただ、実家からさして離れていないところに部落があり、父親に何らかの影響を及ぼしていることは博にも想像できた。

「むかし何かあったんかも知らんけど、もしそうであってもそれは全体的なイメージで、人間てひとりひとり違うもんや。おもろい人も中にはおるのに、なんであかんねん」

論理的に説明しても聞く耳をもたなかった。

ためしに自分の家族を例に出してみたことがある。

「もしうちが部落の生まれで、妹が結婚したい相手の親に部落出身やからと反対されたらどう思う？　同じことを今、道子の親が思とるんやで」

「そんなん関係ない」

そのひとことで話が続かなくなった。

父親の頭には「家を守る」という考えがあるようだった。長男である博を跡継ぎにと考えていて、道子との結婚の話になるとすぐに「家を継がせない」と言った。博は家を継ぐ気などさらさらなかったが、それよりも家を継がせることを前提にして息子を思い通りにしようとする考えに反発を感じた。

実家は四、五十軒の村落の中にあり、近所には親戚も住んでいる。

「同じ姓が多いし、周りすべてが親戚みたいなもん。狭い村やからどこから嫁をもろたかすぐに伝わる。たぶんそれを一番心配しとったんとちゃうかな」

父親の心理を博はそのように推測する。父親を説得する一方で、外堀を埋めるべく弟妹を味方につけた。道子に引き合わせて事情を説明し「とにかく応援してくれ」と援護射撃を頼みつつ、道子と一緒になることで、ひょっとしたら兄の嫁が部落民ということで、お前らの縁談にも影響するかもしれへんで、と他人事ではないことを念押しするのも忘れなかった。博に言わせると弟は正義感の強い男で、後に知ったことだが、弟自ら父親に「なんで結婚さしたらへんねん」と詰め寄っていたという。

付き合い始めてから五年が過ぎようとしていた。博は父親を説得するのを諦め、まず籍を入れた上で、ふたりだけで海外で式を挙げることにした。それまで表立って賛成も反対もしなかった道子の父親は、式の日が間近に迫ると博の親に会いたいと言い出した。ひとり娘を嫁に出すけじめとして一度会って話をしておきたい、というのがその理由だった。博がその旨を伝えると父親は「なんで会わなあかんねん」と突っぱねた。わずかにつながっていたように思えた細い糸が、その一言でぷつりと切れた。

ふたりは籍を入れ、たったふたりの結婚式を挙げた。

結婚までの長い道のりを振り返り、道子は途中から自分が〝選択される側〟であることを痛感していた。

「博さんにとっては、親と私のどっちを取るかという状況やったけど、私を取って親を犠牲にするんも酷やんか。どっち取っても私は責められへん。だから『どっちを選ぶかは、あんた次第やで』って言うてた」

あっさりした口調だったが、自分からはどうすることもできない状況へのいらだちがあったことは察するに余りある。博の両親は、今では何事もなかったかのように振る舞うが、強硬に反対され、傷ついた道子の心の傷は癒えてはいない。

では、道子の言う〝選択する側〟として、博はどんなことを考えていたのだろうか。道子がいない方が話しやすい、という彼の希望で私たちはふたりで会った。もうもうと煙が立ちのぼる焼き肉屋で、博はしみじみと語った。

「俺は結婚できひんのとちゃうかなと思ったことは一回もない。というのは、一緒になるのは自分の中では至上命題。これを成し遂げへんかったら自分の生き方を全部否定することになる。（報道機関で）きれいごと言うてても、自分の目の前のことをクリアできんかったら嘘になる。それだけはしたくなかった。ここで挫折したら自分が自分でなくなる、という気持ちがあった」

彼が「周りの祝福」という常識に惑わされなかったのは、親の意見を聞くことで「自分が自分でなくなる」という信念があったからだった。自分をなくして親の言うことに従うか、それとも自分を貫くかは、結婚差別を乗り越えることができるかどうかの境目である。

「俺としては、反対されたけど結婚したというのをあんまり強調したくない。そんな大層なこととしてへんし、反対する親を説き伏せたわけでもない。こいつやったら一緒におっておもろい、その気持ちが一番なんや」

こげた肉をつつきながら、博はそう語った。

取材を含め、私は何度か彼の家を訪れた。「一緒におっておもろい」という道子と、生まれたばかりの子供との生活は、幸せそうに見えた。

彼の選択は、けっして間違ってはいなかった。

巨大企業のオフィスビルが建ち並ぶ大阪市内の一等地。目指す調査会社は、高層ビルのワンフロアーにあった。私は珍しくネクタイを締め、ある男を訪ねた。部落差別にまだこだわっている人がいるのか、という私の質問に、その男、全国調査業協会連合会の副会長兼大阪府調査業協会の会長、有本憲二（四十九歳）は、何を寝ぼけたことを言ってるんですか、といわんばかりの表情で口を開いた。

「部落差別というのは何百年も続いてきたんです。部落解放運動が盛んになったといったって差別意識というのは、そう簡単に変わるわけではないですからね。現場にいる我々としては、実感としてそう思います」

有本は業界団体の幹部であるとともに、家出、浮気の調査など個人の信用調査では業界最大手の「アイ・アイ・サービス」の社長でもある。調査業というよりも興信所あるいは探偵社と言った方がわかりやすいかもしれないが、いくつかの言い方があるので、ここではその時々に応じて使い分けることにしよう。私の関心は、部落差別がどれぐらい残っているのか、中でも結婚差別はどれだけの〝需要〟があるのか、という点だった。

アイ・アイ・サービスは北は北海道から南は九州までのほぼ全国に支社、営業所をもっている。部落に関する調査依頼について毎年、統計をとっており、同社だけではあるが〝部落差別の需要〟を知ることができる。その統計によると一九九四年度（平成六年度）は九一四件だったが、九五年度（平成七年度）は八六四件、九六年度（平成八年度）は八一八件と徐々に減少し、九七年度（平成九年度）は五九〇件にまで減った。支社ごとの依頼件数を見ると、大阪二三二件、高松一四〇件、福岡八二件、名古屋四七件の順になっており、西日本が圧倒的に多い（いずれも九七年度）。年度によって若干順序は入れ替わるが、おおよそ以上挙げた地域が、部落に関する身元調査の依頼が多いといえる。

家出、浮気などを含めたすべての相談の中で部落に関する調査依頼の占める割合は、高松が六五パーセントで一番多く、次いで大阪が三七パーセントを占めている（いずれも九七年度）。ちなみに大阪はその前年まで半数を超えていた。念のために付け加えておくが、同社ではそのような依頼があった際、すべて断っている。

「うちだけで五〇〇から一〇〇〇件の問い合わせがあるわけです。一社だけでこれだから、少なくともその三倍はあります、いやもっとあると思いますよ」

有本は統計に出てこない潜在的な差別の需要を強調した。これらの数字を多いと見るか少ないと見るかは、見る人によってさまざまだろう。個人的な感想を述べれば、私が現在住んでいる大阪が、全国で一番相談件数が多いというのは意外だった。後に詳しく述べるが、大阪は全国に先駆けて部落に関する差別調査を条例で禁止した都市である。監視の目は厳しいはずなのだが、全国的なレベルで見ると依然として〝部落差別の需要〟があると言わざるを得ない。

大阪に次いで依頼が多い高松で勤務した経験をもつある新聞記者から、数年前に次のような話を聞いた。記者は以前に取材したことがある女性に偶然電車で再会し、娘が結婚するという話になった。その女性はこれから興信所に行き、将来は娘婿になるかもしれない男性の身元調査を依頼するところだという。半ば公の場所である電車の中で、買い物にでも行くような気軽さで平然と話すことに記者は驚いた。その女性に悪びれた様子はまったくなかったという。部落に対する見方や部落差別への罪悪感は、地域によってかなりの差があると言える。

アイ・アイ・サービスの統計を見る限り、部落差別の需要は減少傾向にある。本来、営利を目的とする企業なら、クライアントからの依頼件数の減少は悲しまなければならないはずである。だが、有本にとってはまったく逆で、部落であるかどうかの調査およびその依頼の撲滅《ぼくめつ》こそが、同社および調査業界の目標なのだという。なぜか。その謎を解くには有本の生い立ちから興信所の設立、さらには差別調査とのかかわりを振り返らなければならない。

有本は一九四九年（昭和二十四年）に大阪で生まれた。乳離れもしない幼少のころに両親が離婚し、熊本県の母方の実家で祖母に育てられた。祖母が他界し、小学校六年生のときに再び大阪に戻る。母、継父、妹の一家四人がスラム街の三畳一間の老朽アパートに身を寄せるが、新しい環境や継父とウマが合わず家出を繰り返した。三ヵ所の施設を渡り歩いた後、廃車になったバスに住み込み、店から食料をかっぱらったり、子供からカツアゲするなどして不良少年の道を突き進んでいった。行き着いた先は、非行少年あるいはその予備軍を全寮制施設で教育する教護院（現在は児童自立支援施設と名称変更）だった。施設を出た後は散髪屋などで働くが、教護院出身者に対する周囲の目は冷たかった。

「教護院は就学免除といって義務教育が保障されてなかったんですよ。公教育を受ける機会が保障されてない。だから僕は小学校卒。教護院を出ても少年院、刑務所に行って、というお決まりのコースか、手に職をつけて職人になるかのどちらかなんです。社会に出ても保証人もいないし、学歴もない。誰も相手にしてくれなくてひとりで生きていかんといかんわけです。教護院の出身だとわかった時点でだいたいクビですからね」

有本は、教護院に義務教育が保障されないのは問題であるとして、弁護士らと国に働きかけて児童福祉法を改正、教護院に教師を派遣させるが、それははるか後のことである。

十代後半はパチプロ、書籍や自動うがい器のセールスマンなど職を転々とした後、ゲーム機の販売会社を経営する。その後、興した興信所を業界トップにした業績でもわかるように、有本は顧客開拓には抜群の才能があった。ゲーム機販売でまたたくまに全国制覇を果たすが、無許可で製品を改造、販売し、罰金刑を受けるなどしてゴタゴタが続いた。五〇〇人を数えた社員は最後は七人にまで減る。そのうちふたりに興信所勤務の経験があり、仲間とともに七二年（昭和四十七年）、アイ・アイ・サービスを興す。新聞に「初恋の人捜します」という広告を出し、恩人、行方不明者捜しを格安料金で請け負った。ユニークな商法が話題を呼び、有本は一躍、マスコミの寵児《ちょうじ》となる。桂小金治司会の対面番組『それは秘密です!!』の調査を手掛けるなどして同社は次第に業績を伸ばしていった。

だが、その一方で部落に関する調査もおこなっていた。

「僕が仕事を始めたころの調査業は、依頼があったらなんでもかんでも引き受けて、『この人は部落出身ですよ』と堂々と報告していた時期ですよ。そのころはそれが当然だと思ってましたからね。就職、結婚の調査依頼があるわけでしょ。特に結婚が多かったですけど、大阪では興信所を使って部落の出身であるかどうかを調べる習慣があったわけです。その依頼が来たら興信所は『はい、はい』といって実際に調べていたわけです」

創業から三年後に、業界を震撼《しんかん》させる事件が起きる。部落地名総鑑事件である。元興信所の職員らが全国の部落の地名、所在地、戸数、主な職業などを網羅した図書を作成し、企業や個人に販売していたことが発覚した。現在までに九種類の図書が確認されており、銀行、自動車、電力、大学など名だたる大企業、教育機関から個人に至るまでが、採用、人事考査、結婚などの際に部落出身者を排除する目的で購入していた。

「業界は騒然となりましたね。それでも依頼があれば用心しながらやってました。ところが、それはちょっとおかしいんじゃないか、と考える人も業界の中にはおったわけですよ。やっぱりいくら商売といってもね、調べて報告したらほとんど破談になるわけでしょ。破談になるだけならまだしも、ひどいときには自殺をしたりするわけでしょ。そういうことを、お金をとって商売としてやっていいのかと。良心の問題だと考える業者もいたわけです」

　運動団体からも厳しい突き上げがあった。部落出身という理由で就職や結婚ができなくなるのだから抗議があるのは当然だった。ときには運動団体や運動団体の意向を受けた第三者が依頼者になり、興信所を追及した。マスコミ各社も報道し、差別を商いにする興信所として社会的な非難を浴びた。差別調査が明るみに出れば会社の存続も危ぶまれる。いわば企業防衛の意味からも、業界、特に大手は、部落に関する調査の自粛を始めた。業界はそれまでは自らが生きる糧として差別調査をおこなっていたが、社会的な非難を受けた後は、生き残りをかけて、改革に取り組まざるをえなかった。その急先鋒が有本だった。

「僕は、教護院出身ということで部落の人より差別を受けてきたかもしれません。そういう原体験をもってるから、部落の人たちから『有本さん、部落差別というのはこういうことなんや』と説明されたときに、ようわかったんです。わかったら行動早いですから、差別的な調査は一切やめましょう、となったわけです」

教護院出身という十字架を背負ってきた有本には、部落出身者と共通する思いがあった。

地名総鑑事件から十年後の八五年（昭和六十年）には、部落であるかどうかをチェックする身元調査が発覚した場合には、営業停止を含む法的措置を講じることができる「大阪府部落差別事象に係わる調査等の規制等に関する条例」（いわゆる身元調査規制条例）が、全国に先駆けて施行された。同年、調査業界でも、部落差別にかかわる結婚調査の防止を推し進めることを目的とした社団法人大阪府調査業協会（大調協、一一六社加盟）が設立される。大阪の組織化から十年以上を経た九六年（平成八年）には、全国組織である全国調査業協会連合会（全調協、三五三社加盟）が発足した。

これらの組織の綱領は、部落にかかわる調査の禁止を謳《うた》っている。大調協は「会員は、いかなる名目を問わず、部落差別を意図する調査の依頼を受けてはならない」、全調協は「部落差別調査は絶対にこれをしてはならない」という文言を綱領の第一番に掲げ、差別調査には協力しないことを明記している。アイ・アイ・サービスのパンフレットにも部落差別問題に関する調査を固辞することが明文化されている。先に挙げた同社の部落に関する調査依頼の減少は、そのような活動があってこその数字といえる。しかし、パンフレットや広告に差別調査は行わないことを掲げていても、その種の調査依頼があるのだから、部落差別は根強いと言わざるを得ない。

部落差別にかかわる調査を自粛するための業界の組織化は進んだが、順風満帆《まんぱん》に事が運んだわけではなかった。差別につながる調査を自粛しようと有本らが言い始めると、「わしらは依頼があるからやってるんや」と開き直る業者も出てきた。「有本は運動団体の手先である。運動団体から金銭をもらっている」などと根も葉もない内容が書かれた怪文書が万単位でまかれたこともあった。

部落差別反対という点では運動団体と一致するが、身元調査をめぐっては見解が異なることもあった。地名総鑑事件以降、運動団体と行政は「身元調査お断り運動」を展開する。だが、業界にとっては死活問題だった。身元調査には家出、行方不明、経歴詐称《さしょう》、浮気などの調査も含まれる。身元調査のすべてが悪いわけではなく、部落差別に代表される基本的人権を侵害する調査が問題である、というのが有本の考え方だ。

八〇年代の初頭、大阪府内の市町村は「身元調査お断り運動」を展開し、探偵が鬼のように描かれたステッカーを配布した。運動の成果はてきめんで、興信所＝悪者というイメージが強化されていく。例えば有本の子供など、学校で「鬼の子」といじめられて帰ってくるのだった。大調協は、身元調査のすべてが悪いわけではない、としてお断り運動の見直しを迫り、ステッカーの配布を中止させた。被差別者を救うための運動が、いつの間にか新たな被差別者をつくっていた。

有本は大調協の幹部として、また業界トップの経営者として、あの手、この手で業界全体のイメージ向上を図らなければならなかった。地名総鑑事件でマイナスイメージが広がった「興信所」という名称を「調査業」に変更することを唱えたのも有本だった。

大阪府で条例が施行されて以降、熊本、福岡、徳島、香川の各県でも同様の条例がつくられた。運動団体や調査業協会の活動やそれに伴う意識の変化もあり、部落に関する身元調査は徐々に減少しつつある。有本によれば、地名総鑑事件が起きた七〇年代では部落かどうか調べてくれという依頼が、関西に限っていえば八割、八〇年代に入っても七割ぐらいはあったという。そのころと比べれば状況は変わった。何よりも窓口での相談者の依頼の仕方に現れてきたという。

「以前は部落かどうか調べるのは当たり前のことだった。昔は相談に来る内容が『ヨツ（部落に対する差別語）かどうか調べて』『部落の出身かどうか、それだけでええねん』とか、もろに言うてましたよ。今の相談はね、なかなか言いません。結婚相手の性格がどうとか、ちょっとこういうことが心配なんですとかいろいろ言うでしょ。そのうち、『いまどきこういうことを言うのは何なんですけど、周りが、親戚が……』とか言い出す。こっちは目的はすぐにわかりますからね。でも、そういう言い方をするというのは堂々と調べていいんだという意識じゃなくなってきてるわけです。ひそかに後ろ暗くやらなければならない、というところまできたんです」

差別調査に対する運動団体や調査業界の精力的な取り組みは成果を上げつつある。だが、変化は見られるものの、依然として変わらない部分もあるという。

「特に地方の業者の中には、部落かどうかという調査を間違いなくやってるところがあります。証拠もあります。僕は同業者を売ることはできないから詳しいことは言えないけど、残念ながらやっているところもあると言わざるを得ない。かなりある、と言ってもいいでしょう。地名総鑑をもっているという業者も知ってます。今でも業者の三割近くは何らかの形で部落に関する調査に関与しているのではないかと僕はみています。差別事件というのはなかなか表に出てきませんからね。ごく最近もね、九州のある地方で地元の調査会社が調べたために部落出身の女性が自殺をはかった。命はとりとめたけど子供は流産してしまったという話を聞きました。悲惨な事件ですよ。でもこれは氷山の一角です」

最近は業界内の過当競争や探偵ブームによる素人の進出で、どんな案件にも手を出す業者が出てきてもおかしくない状況だという。ここ数年は、大手の業者も差別調査にかかわっていたことが発覚している。九六年（平成八年）には、大阪市内の調査会社が、小売りチェーン店からの中途採用の調査依頼に対し、部落出身であることを報告したことが明るみに出た。九八年（平成十年）には、これまた大阪市内の大手調査会社が、新卒・中途採用者に関する調査で、部落出身かどうか、さらには国籍、所属する政党、宗教団体などを調べ上げ、企業に報告していた。

「部落差別反対ということで我々のやってきたことが、こういう事件があることで十年は後退するんですよ」

憤懣《ふんまん》やるかたない、といった表情で有本はこぼす。部落にこだわる企業とそれを商いにする調査業者が、いまだに存在している。

さらに驚くべきことに、部落に関する調査に反対している有本に、あろうことか行政機関で人権問題に携わっている担当者が、子供の結婚相手が部落出身であるかどうかの調査を個人的に依頼することがあるという。

「年に最低五人はいるかなあ。最近は少なくなったけど、以前は一ヵ月に二、三人は来てましたよ。誰々議員の紹介ですとか。役所なんかで人権問題担当してる人の中には質《たち》悪い人おるね。部落問題を生半可に知ってる人の場合は、結婚差別はきついよ。名前は言えないけど、行政の職員が頼みにくるんやから」

部落差別の何たるかを知り、それを規制するはずの行政職員が、自ら差別しているという現実。「差別をなくしましょう」という「建て前」が浸透する中で、見えないところで差別はひそかに生きている。

「あなた、結婚されてます？　反対されませんでしたか？　なかった？　それは珍しいケースですねえ……」

波風ひとつ立たなかった私の結婚を聞き、有本は珍しいと言った。結婚差別に関しては、有本と私では現状認識にかなりの違いがあった。部落出身者が必ずしも結婚差別に遭うわけではない。これといって何も問題にならない例はいくらでもある。部落差別を見るとき、立場によってまったく見えるものが違う。有本の場合、部落差別を直接見聞きする立場にある。毎日のように差別に接していると差別の厳しさを痛感するのだろう。ところが私の場合、結婚を経験したのはいまのところ一回きりだし、友人の多くはこれといった問題もなく所帯をもっている。部落問題の取材をしていても結婚差別の話をよく聞くが、全体的に見れば、「何もなかった」がほとんどであろう。

「部落差別はまだまだ厳しいが、なくなってきている」という見方と、「部落差別はなくなってきているが、まだまだ厳しい」というふたつのとらえ方では、重点の置きどころが違う。やはり有本は、私たちに見えない部分を知っているということになるのだろうか。

いずれにせよ私は、有本の体験に裏打ちされた生々しい話を聞きながら、

「部落差別って、まだそんなに厳しいんですか」

と、まるで何も知らないぼっちゃんが、人生の達人に教えを受けたような心境だった。

当の部落民が部落差別の厳しさを、部落外の人から聞くというのもなんだか変な気分ではあった。だが、自分の問題とはいえ、私の知らないことがまだまだあると再認識させられたのも事実だ。

なぜ、結婚差別が残っているのか。

日本の大学院で同和教育論などの授業を受けた経験をもつ、ある台湾人留学生の女性は、私の問いに次のように語った。

「自分も差別されたくないという気持ちがあると思うわ。台湾人の留学生の先輩が日本人と付き合ってて、結婚に反対された。日本人の親は『あなたが悪いんじゃなくて、子供が生まれたとき、親が外国人だとわかったら子供が差別されるでしょ』って言ってたらしい。子供が結婚することで自分が差別される側に立つと思うんじゃないかな。私はキリスト教の教会に行ってるけど、教会の友達にも差別意識はあるよ。ある台湾人の母親は、学区（校区）に部落があって子供の教育によくないとか、部落は軽蔑されてるというのを知ってる。それってどこのスーパーの何が安いだとかと一緒の感覚だと思う」

彼女は在日台湾人の中にも、結婚の際には部落差別があることを語った。私はその事実を知っているという台湾人の牧師に会うため、大阪市内の教会を訪ねた。牧師は十年以上前に神奈川県の教会に赴任していたころの話をしてくれた。ある在日台湾人三世の女性が、関西出身の男性と交際していた。女性の父親が男性の身元を調べたところ、部落出身であることがわかり破談にしたという。

「まだそういうことあるのは不思議だと思った。ほんと不思議ですねえ」

牧師は部落差別が外国人にとっては不思議な現象であることを何度も強調した。私も同感だった。在日台湾人社会にも日本の差別が浸透し得ることに、私は驚きを禁じ得なかった。台湾人留学生の言うように、たとえ部落差別を知らない環境で育っても、自分も同じように差別されるかもしれない、という恐怖が、人を差別に駆り立てるのかもしれない。

留学生や牧師の話を聞いて、私は何度か仲人を経験したことがあるという部落の男性が話していた言葉を思い出した。その男性が部落出身を理由に娘の結婚に反対している親を訪ねたとき、その親がこう言ったというのだ。

「私らは差別する側で、差別されたことないんや。部落差別をしたらあかんということはようわかっとるんやけど、結婚はできないんや……」

差別されることへの想像力はあっても、それが差別を抑止することにつながらない。加害者にとって部落は、部落民が考えるよりはるかに大きな意味をもつものらしい。

家族や親族という集団を盾にとって部落民という〝異人〟を作り上げ、排除する行為は、個人よりも集団を重視するという意味において、いかにも日本的な差別である。このような差別に対して被害者側が泣き寝入りすることなく、抗議の声を上げることは大事だと思う。だが、家族や多くの人に祝福されるのに越したことはないにしても、ふたりが結婚するのだから別に祝福されなくてもいいのではないか。天の邪鬼《あまのじゃく》である私は、ついそう考えてしまう。

私の知り合いで、一度結婚差別に遭ったが、すぐに別の相手を見つけ、あっと言う間に結婚してしまった男がいる。結婚差別から一年も経たないほどの早業《はやわざ》だった。あまりの立ち直りの早さに驚いたものだが、まあそれもひとつの手だろう。話を聞くと、彼が部落出身であることを告げると相手の女性は突然泣き出し、父親は態度を豹変させたという。仮にさまざまな障害を乗り越えて結婚したところで、そんな家族と身内になることが果たしていいことなのだろうかという疑問は残る。

結婚に関し、部落は長きにわたって、許され、選択される側だった。だが、これからは部落も選ぶ側を意識してみてはどうだろうか。まず、付き合う相手やその親が、家柄や学歴や職業などを気にしない相手であるかどうかを見極めることが肝要である。その作業が面倒なら、周囲の祝福や結婚という制度にこだわらない方が賢明である。そのような「世間並み」を欲するなら、差別は覚悟しておいた方がいい。結婚という制度や、結婚しなければという意識に縛られることからおさらばするのもひとつの方法ではないだろうか。

十年、二十年単位でみれば、結婚差別は徐々になくなりつつあるといえる。とはいえ、実際に差別を受けている部落民にそんなことをいくら言ってみても何の励ましにもならない。差別はどれだけ量が変わろうと、その質は少しも変わらないからだ。だが、どのような相手を選ぶか、その相手とどのような形の生活を営むのか、その選択は部落民にも委ねられているはずである。

# 第三章　ムラ

# 一九六〇年代

少年がふとんに入り、眠りにつこうかという時刻。隣の家から夫婦がケンカを始める声が聞こえてくる。隣と少年の家は一メートルしか離れておらず、しかもお互い安普請《やすぶしん》ときているから大声を上げなくても日常会話が聞こえてくるのだが、ケンカとなるとまさに筒抜けである。夫婦ゲンカは激しさを増し、そのうち投げた物が壊れる音が聞こえてくる。子供が泣き出す声、バタバタと家を飛び出す足音……。少年は、いつものケンカが始まったなと思うと同時に、飛び出して行った子供のいたたまれない気持ちが痛いほどわかった。なぜなら、今日は隣の家というだけで、きのうは自分の家で同じような光景が展開されていたからだ。

今から約四十年前、少年が住む奈良市内の部落、横井では、こんな光景が珍しくなかった。かつての少年、柿本政秀（四十六歳、小学校教師）は、一九五三年（昭和二十八年）に生まれた。柿本の記憶にあるムラは、台風が過ぎると玄関の入り口にムシロをかけただけというバラック小屋が建ち並ぶ風景である。多くの家では、二間か三間に家族五、六人が肩を寄せ合うようにして暮らしていた。

柿本の家には叔父の家族も同居していて、四部屋に計一〇人が寝起きしていた。もちろん夫婦や子供の個室などあろうはずがない。夏の夜ともなれば、男たちがパンツ一丁で酒を酌《く》み交わしながら路地で夕涼みをするのだが、毎日のようにささいなことでケンカを始める。柿本はそのような喧噪《けんそう》の中で育った。

かつてのムラの風景や人々の生活はどのようであったのか。また、どんなふうに変わっていったのか。何が解決され、どのような問題が残っているのか。ここでは奈良市内にあるひとつのムラの四十年間を、柿本政秀、その盟友、岡田佐代子（四十三歳、奈良市会議員）、在日朝鮮人の小田よしみ（四十歳、仮名）の三人の目を通してたどることにしたい。

自宅や隣家で、毎日のように繰り広げられる夫婦ゲンカを見て育った柿本は、六〇年（昭和三十五年）に小学校に入学する。

〈狭い空き地に家を建てていったから、ムラの中はバラック小屋でぎゅーぎゅー詰めやった。家庭訪問にきた担任の先生が、ムラの中に入ったら迷路みたいになってて出ることができひんかった。一回行ったぐらいでは誰の家がどこにあるかわからへん。ムラの中は軒《のき》下《した》を歩いていくよりもよその家の中を通っていった方が早い。そこの家が食事中でも「おばちゃん通らしてや！」「おお、通れ通れ」いうて通らしてくれた。それが日常やった。

横井は川と川の間に位置したムラで、大雨がきたらその合流点であふれたんですよ。そのころトイレは汲み取りで、大雨になるとトイレの中に川の水が入ってきて、汚物が家の中にまで上がってきたり道にあふれたりした。そんなことが年に一、二回はあったかな。ある台風のときなんか、家の透き間から外を見てたら、目の前にある家の人が家から逃げてる姿が見えた。それから二、三十秒後にバタッと家が倒れた。

小学校で授業受けてるとき「横井が水につかった。帰って家の手伝いをしてあげなさい」と先生に言われて家に帰った覚えがある。もちろん横井の子だけ。同じ横井でも西側の西横井と呼ばれるうちのムラだけ被害を受けて、東の地区外（部落外）はそんな心配はなかった〉

柿本の父親は奈良県内の他の部落の出身で、横井出身の母親と結婚した。横井の大半の働き手がそうであるように、父親は土方《どかた》だった。母親はゴルフ場のキャディー、駄菓子屋、お好み焼き屋など、さまざまな職業に就いた。

〈僕が小学校の低学年のときに、母親は昼働いた上に夜中になってもプロパンガスとか醬油を、注文を受けて飯場《はんば》にもっていったりしてた。自転車の後ろの台に積んで行くねんけど、母親にしたら非常に重くて、デコボコ道やから自転車が倒れることがある。だから僕が自転車の後ろで醬油が入った樽をもってた。

小学校四年か五年の夏頃にお好み焼き屋をやり始めた。母親は妹をおんぶしながら、狭くて暑い部屋で汗出しながらお好み焼きを焼いてた。今でも覚えてるけど、ちょうど家庭訪問の時期で先生が来はった。忙しい最中でね。お好み焼きを食べてもらいながら三十分か一時間ぐらい待ってもろた。普通、家庭訪問やったら家の中を片付けて化粧して、当時はみやげもんみたいなものも用意するねんけど、うちはその日、食うていくお金がない状態やった〉

横井に限らず、部落内にはお好み焼き屋をはじめとする食べ物屋が多い。比較的少ない資金で開業できること、部落内では買い食いや間食が多いことなどがその背景にある。

母親は静脈瘤の持病をもっていたが日銭を稼ぐため、そんな体をおして早朝から深夜まで働き続けた。葉脈のように浮き出た両足の血管が、今でも柿本の目に焼き付いている。

父親は、雇われの身から脱すべく借金を重ねて河川の護岸工事の仕事を請け負うが、大雨が重なり事業は失敗する。その後、借金取りがひんぱんに家に訪れるようになり、父親はしばらく身を隠した。柿本が父親の苦労を知ったのはずいぶん後のことである。

〈ものごころついたころから母と父は仲が悪かった。毎日のようにケンカしてた。原因は仕事と金の話。僕ら子供は、おばあちゃんや親戚に支えられながら、借金また借金の生活で大きなった。だから小さいときからの願いは、早く仕事に就きたいというのと家を建てたいということやった。ムラは川にはさまれた湿地帯にあるから、雨が降ったら台所にナメクジがわいてくる。毎日取って捨てるけど、またわいてくる。とにかく母親に楽させてあげたい。はよ仕事に就いて金を儲けて家を建てたかった。

横井は奈良市内の部落の中でも特に貧しいムラで、土方の仕事自体もたくさんなかったんですわ。ムラの人に聞いた話で今やからわかんねんけど、仕事があるからということで父親が現場に行ってみると、先に人夫が来てて「今日はお前はええわ」と言われてはずされる。よそのムラから来た父親は、どっちかいうとよそ者《もん》ということで冷たい扱いを受けた。仕事が少ないときは誰を優先するかということですわ。母親にしたら、もひとつその事情がのみ込めへんので「お父ちゃんが仕事をよう休む」と嘆いてた。だから今日食べるものがない、ということでケンカになる〉

生活費の足しにでもなればと、柿本は小学校四年生から新聞配達を始めた。母親は「どんな貧乏しても、子供には働かせへん！」と怒ったが、家の状況がわかっている柿本はそうせずにはいられなかった。その後、より金になる牛乳配達に変えた。

飢え死にするほどのひもじさはなかったが、それでも食卓に並ぶおかずの種類は今と比べると格段に少なかった。野菜を炊いたおかずに茶粥かご飯というのが柿本家の定番メニューだった。茶粥は部落に共通する食習慣である。おかずに肉が入っているときょうだいで取り合いになった。

中学生になると昼は弁当になった。柿本の弁当は、いつもご飯の上に鰹節《かつぶし》がぶっかけてあった。おかずはたいがいイカの燻製《くんせい》か干しイカで弁当全体が茶色っぽく、おかずとごはんの境目がないように見えた。友人の弁当にはウインナー、ハム、卵焼きに加え、飾りに青々とした葉蘭《はらん》も添えてある。「もっと見栄えのする弁当にして」と母親に頼んだこともあったが願いはかなえられず、「おかずを友達に見られるのがいや」で昼は次第に家に食べに帰ることが多くなった。

横井のおおかたの家庭も柿本家とさして違わず貧しかった。よそ者には冷たい面もあったが、仲間にはやさしかった。

〈例えば両親がケンカしてますやろ。きょうだい四人が泣いて外へ飛び出したりするわね。そしたら必ず近所のおっちゃんとかおばちゃんとかが止めに入った。仲裁に入っても殴られたりして自分も被害受ける。ケンカは半時間や一時間で収まれへんかったから止めに入る方も大変やったと思う。ケンカのあるたびに必死で止めにきてくれた。そんなんが嬉しかった。

それに、うちの家は貧しかったから醤油とか米とかないときが多かった。何回も借りにいったら、今度は行きにくいでしょ。近所の人はわかってんねんな、そこの家がどんな状況かということが。だからこっちが貸してくれと行かんでも持ってきてくれた。

生きていくためにはみんな必死やから冷たいとこもあるけど、けっこうあったかいとこもあった〉

食料品の貸し借りや夫婦ゲンカの仲裁などは、柿本と同じ世代に共通する経験である。例えば、ある住民（四十一歳）は両親のケンカが始まると近所の人が止めにきてくれるのを心待ちにしたという。ケンカがいやで友人の家に一時避難すると、事情がわかっている友人の親から「ごはん食べたんか」と声をかけられ、家族の一員のように、食卓を囲むことがたびたびあった。ムラ全体がひとつの家族でもあった。

バラック小屋が目立つムラに市営住宅が建ち始めたのは一九六〇年代半ば以降である。六六年（昭和四十一年）から十年計画で一〇四戸を対象に市営住宅の建設が始まる。三〇〇世帯のうち、その三分の一が対象となる大規模な事業だった。言い換えればそれだけ不良住宅を抱えていたことになる。

市営住宅は簡平《カンピラ》（簡易平屋建て住宅の略）とも呼ばれ、間取りは四畳半二間、三畳、台所（ふろなし）で、何軒かが軒をつらねる長屋型だった。自然災害に悩まされ、ひしめきあうように暮らしていた人々にとっては、「御殿に移ったよう」（柿本）に思えた。もっともその「御殿」も張りぼてのようなつくりで、ベニヤ板の壁は、隣の物音、話し声が筒抜けだった。夏はむせ返るように暑く、冬は凍えるように寒かった。

叔父の家に間借りして両親と住んでいた岡田佐代子も、このころ六畳一間に親子三人が住む生活から、完成したばかりの市営住宅に移った。一挙に広くなったのもさることながら、窓から陽が差すのが何よりもうれしかったという。一家が間借りしていた部屋には台所に申し訳程度の小窓が付いているだけで、およそ昼も夜もわからない生活だった。

六〇年代半ばから横井は、不良住宅が建ち並ぶ家々の中に市営住宅が建ち、部分的にではあるが町並みが変わり始めた。

## 一九七〇年代

七〇年代は横井だけではなく、多くの部落の姿が変わり始める。同和対策事業の開始である。

政府は部落の人々の部落問題解決に向けた国策要求を受け、六〇年（昭和三十五年）に学者、運動団体代表、行政の代表などのメンバーから構成される同和対策審議会を設置する。審議会は六五年（昭和四十年）に総理の諮問に対して答申を発表する。いわゆる同対審答申である。この中で同和問題は「その早急な解決こそ国の責務であり、同時に国民的課題である」と明言し、ようやく国は重い腰を上げる。六九年（昭和四十四年）、十年を期限とする同和対策事業特別措置法（同対法）が施行され、住環境、教育、就労などで部落（同和地区）に対する施策がスタートする。七〇年代はこの同対事業という「国策」によって部落の生活にテコ入れが始まる。

同対法が施行された六九年、柿本は高校に入学する。横井の青年が高校に進学しだしたのは、柿本の世代以降で、それ以前は中学生の段階で学校には行かず、親と同じ土方になる者が多かった。柿本も中学卒業後は土方になろうと考えていたが、施行されたばかりの同対法に含まれる奨学金制度で高校進学のチャンスを得る。字を知らずに苦労してきた祖母が、孫にはせめて高校に行かせてやりたいと熱心に進学を勧め、コツコツと貯めていた金で援助をしてくれたことも支えになった。祖母は部落の年配者の多くがそうであるように、子供のころから仕事に追われ、小学校に行くことさえかなわなかった。収入が不安定な土方が多かった横井では、奨学金制度を活用して進学できた者が多い。

柿本が世の中に部落問題があるということを知ったのは高校に入学してからである。

〈僕は高校に入るまでは部落のことを知らなかったんですよ。入学して奨学金もらってる子ばっかりが集められて、先生から部落と部落差別のことについて説明を受けた。それまではムラの人が「ハク」「こっち前」ていう言葉を使《つこ》てるのは聞いてたから、なんか違うな、というのは感じてた。母親に「ハク、こっち前て何や」って聞いたことがある。「ハクっていうのは横井でも東の、たんぼをもってるところや」というぐらいの説明やった。農家やってるのが「ハク」、やってないのが「こっち前」やなあと思た。

高校入ってからもう一回母親に聞いたら「こっち前のものは金がなかったから隣村へ野菜とか盗《と》りに行ってよう追いかけられた。そういう悪いことしたから差別される。それが部落や」と教えてくれた。ほならうちのムラの人は悪いことしてきはったんやなあ。それで隣村の人に嫌われてるんやなあ。そう思った。

で、県下の奨学生が集まった集会で聞く話、聞く話が、部落は結婚差別を受ける、就職できひん、こんな話ばっかりやった。そのとき初めてマイナスのイメージで部落に出会ったもんやから、ものすごく引け目を感じた。自分の値打ちがなくなってしもたように感じた〉

それまでさして意識することがなかった部落差別が、人の体験談を聞くことで自分の問題として迫ってきた。

〈奨学生集会で知り合った同じ高校に通ってる男の先輩の話を聞いたことがあった。その先輩は、ホームルームの時間に、思い切って部落出身であることをみんなの前で言うたら、男の反応は変わらへんけど、女の子が露骨に避けるようになった。その先輩は「言わへん方がよかった」と言うてた。そのころって異性を意識してたから、女の子が避けたって聞いたときに、やっぱり部落は嫌われるんやと思った。

直接聞いてないけど、女の先輩もホームルームでしゃべったら、それからみんなの様子が変わって、その人はそれからずっと学校に行けなくなったらしい。そんな話を聞いて、中学校までは横井に友達を連れてくるのは平気やったのに、高校に入って連れてこれなくなった。

高校一年生の夏頃、隣町に住んでる友達に部落差別の話をした。そしたらその友達が「実はお前が来ることを、うちの家の人がええように思てなかった。できたら家に入れるな、付き合いをするなと言われてたんや。でも俺はそういうことを言われながらでもお前と付き合うたったんや」と言うた。カチーンときてね。「そんな恩着せがましく付き合うてほしいとは思てへんぞ」言うて、それ以来、付き合うてへん〉

友人との一件以来、ますます部落出身であることに引け目を感じるようになった。

〈歯医者に行くと「ぼんはどこから来たの？」って聞かれる。「横井です」って言うたら「どっちの横井？」って聞かれた。「国道の東側の横井です」と嘘をつく。そしたら「そやろねえ、顔見たらわかるわ。上品そうな顔してるわ」。こう言わはった。そのとき、自分で顔が真っ赤になるのがわかった。そのころは部落を隠したい、隠したいと思ってた。

高校はバス通学してたけど、路線にもうひとつ部落がある。その部落で降りるときの乗客の視線が違うのがわかんねん。しかも学生とか、小ぎれいな格好してる人が降りたときに見はんねん。「あの人、部落や」という感じで。僕は一回だけやけど、横井と思われるのが嫌やから、もうひとつ先で降りたことがある。ちょっと気になってた女の子がバスの中にいてたから。ひと駅分、歩いて帰ってきた。

ムラの女の人たちは朝方にアイスクリームとか鹿せんべいの行商に行くためバスに乗って奈良公園に行かはるねんけど、いっつも座席に座ろうとする。「こっち、こっち空いてる」「はよ来い、はよ来い」「席とったったでーっ」。しかも大きい声で。それがかなんかった（いやだった）なあ。帰りは疲れてはるからもっとすごい。自分が座るだけと違《ちご》て、仲間にも席空けたろ思て、強引に荷物をボンボン置いてね。「こっち来いーっ」て言うねん。そのころ僕は、言葉遣いや振る舞いが違うから差別されるんや、と思ってた。やっぱりムラを出たいと。それが僕の高校時代ですよ〉

ムラから逃げたかった柿本だが、いくつかの出会いが重なり、部落に踏みとどまることになる。

六九年（昭和四十四年）、ムラに運動組織である部落解放同盟横井支部が結成される。その三年後、柿本が教師を目指して大学浪人していた七二年（昭和四十七年）、地元の先輩から「支部の青年部をつくってみいひんか」と誘われる。部落から遠ざかりたいと思っていたころで、とてもそんな気にはなれなかった。

〈ただ、一方ではムラのよさも知ってた。ムラの家はたいがいどん底の生活やったけど、みんな遊んでくれた。近所で真っ先にテレビを買った家は、夜になったらみんなに見せてくれた。ムラは好きやねん。部落差別の話を聞いて、ムラから逃げたい気持ちはあるけど、いややなかった。複雑な思いですわ。でもやっぱり部落出身であることだけで人間の値打ちが変わるように思ってた。そういう目で見られることが、ものすご怖かった〉

当時、高校一年生だった岡田佐代子にも青年部結成の声がかかっていた。柿本に言わせると岡田は「部落出身で悩んでて、青年部結成の話をしたら飛びついてきてくれた」というのだが、彼女の話は微妙に違う。

〈柿本さんは意志も強いし勉強もできた。自分の人生は努力次第でどうにでもなるけど、部落差別の問題いうのは彼にはどうにもならへんと思たんちゃうかな。青年部の誘いは、柿本さんと共通の知り合いの幼なじみがいてて、彼女を通してそういう話になった。うちはそれまであんまり差別の問題を考えてなかった。難しい話はいややねん、部落解放とか、学習会とか、集会とか。その手が嫌いな人間を誘って、迷惑やってん〉

性格や考え方など何もかも、といっていいほど違いがある柿本と岡田に共通するのが、部落問題だった。部落で生まれたがゆえに悶々《もんもん》としていたことが彼らを青年部結成というひとつの軸に結びつける。最初に彼らが最も力を入れたのが非行問題だった。

〈僕が高校生のころ、小学校五、六年で煙草、シンナーを吸う子や単車に乗る子が出てきた。中学生も同じように単車に乗って学校の廊下を走ったり、ナイフ、チェーンでケンカする。それもムラの子同士が。ボス同士がナイフもって刺し合いして新聞沙汰になったこともある。そのころ、さよちゃん（岡田佐代子）がよう言うてた。あんなに優しい子ォが五年経ったらシンナー吸うたり単車乗ったり、どうしようもなくなる。その繰り返しやと。

ムラの人は「子供は学校行ったら勉強できるようになる」と言うてはった。というのは、昔の人は生活が苦しいから家の手伝いとかで子供に学校を休ませてた。でも、家にある程度、経済的余裕ができて学校に行くようになっても、ムラの子はやっぱり勉強できひん。学校行っても逃げて帰ってくる。宿題してけえへんかったといって教師に耳引っ張られる。でもムラの子が悪いんちゃうと思った。家でお父ちゃん、お母ちゃんがケンカして居場所がないので外へ飛び出す。そしたら子供が集まる場所をつくったらええんちゃうかと考えた。もうひとつは勉強がわからん、みんなについていかれへん。そしたら勉強も教えたろということになった〉

さっそく子供たちの居場所をつくるための子供会活動が始まった。

当時は高校生で後に保育所の保母になる岡田は、子供会が始まったころのことを鮮明に覚えている。

〈低学力に非行、ムラの子らはあたしらの世代以上に悪くなってた。なんでこの子ら、こんなに荒れんの、と思ったなあ。そのころは逃げたらあかん、負けたらあかんが合言葉。シンナーに逃げたり、非行に逃げたらあかんということ。それしかなかった。

あたしは子供が大っ嫌いやってん。子供なんか見るのも嫌。嫌やったけどしゃあないからやってた。あんまりしんどいので「子供会活動やめたい」言うたら柿本さんは「わかった。ちょっと休んどき。僕ひとりでやるから」って言いやった。結局、続けてんけど、小学校六年になって掛け算の九九できひん子や中学生になって割り算わからへん子とかおった。「はー？ お前何してたんよ」という疑問がきっかけで学校の教師と話し合いをした。そしたら教師は「親のしつけが悪い」って言う。そんなん子供に関係ない話やん。ものすごいむかついた。

ムラの親は食べるのに精一杯で、子供の教育まで目ェいかへん。子供が一番嫌がるのが夫婦ゲンカ。金がなくなったらケンカする。どうしようもない、しらこい（ひねくれた）子を預かっても、言うこといっこも（ひとつも）聞きよらへん。これは子供だけ見ててもあかんと思って親とも話をするけど、今度は親同士がいがみあってるのがよう見えんねん。「うちの子とあの子を遊ばしてもろたらかなん（困る）」とか「あの子らがいるからうちの子も悪く見られる」とか。あの子らが悪いんちゃう。子供に責任はない。そういう目で見て欲しないと思ってた〉

ムラの子供たちを導く立場になったが、高校生の岡田には部落差別がはっきりとらえられていたわけではなかった。

〈ムラの先輩には、生活と部落差別は密接に関係してる、親の生活そのものが差別を現してるんやって教えてもらってたけど、あたし自身が親を恨んでるわけやん。酒呑《の》まんと、もうちょっとちゃんとせえよ、みたいな。子供らに「親があんたらに怒鳴るんは差別が原因や」って教えるんやけど、自分自身の中ではその理屈がストンとけえへんかった。親やったら親らしいことせえよという気持ちがあるから、自分の親への恨みつらみが先やった。それ言うてずいぶん父親とケンカになった〉

自分の居場所がないという面では、岡田も子供たちも同じだった。

荒れるムラの子をなんとかせなあかん、と始めた子供会活動に、当初は大半のムラの大人たちは冷ややかだった。その根底には、部落問題に触れたがらない大人たちの考えがあった。いわゆる寝た子を起こすな論である。そっとしておけば、いずれ差別はなくなる、わざわざ自分から部落出身だと言う必要はないし、差別反対の運動は逆効果である。そのような考え方が、当時の横井では当たり前だった。必然的に部落解放運動に対する嫌悪感も露骨だった。柿本がそのころを振り返る。

〈自分の父親も母親も解放運動には理解なかったですよ。日曜日にみんなで集まろうとしたら親は「何考えてるねん。日曜日はアルバイトに行け。ムラの人に後ろ指差されるようなことをしてもらうために大きしたんちゃうわ!」と怒鳴られて、親戚からも反対された。

こんなこともあった。僕がまだ高校生のとき、公民館で会議やってたら酔うた人が「解放同盟がなんぼのもんじゃ。なんでお前らそんなにえらいんじゃ」言うて、畳にドスを突き刺した。あのときは寒なったなあ。顔真っ赤にしてね、涙浮かんでんねん。話を聞いたら、その人は小屋みたいなとこに住んでるから、はよ家が欲しいねんね。二年我慢したらしい。自治会の身内の人とか、お金もってきた人とか、差し迫って必要のない人が先に入っていく。解放同盟には誰を新しい住宅に入れるかを決める権限はないねんけど、住宅要求のときに同盟の名前が入ってたからその人は怒鳴り込んできたらしい。

金属バットで殴られかかったこともある。その人はええ人なんやけど、いつも酔うて文句言うから「酔わんとよう言わんのけ」言うたらケンカになった。家に乗り込んできて、金属バットで畳にゴボッと穴あけて出て行った。ひとつ間違ったらそれこそ命取られるようなやりとりが何回かあった〉

家庭や地域に波紋を投げかけながら柿本と岡田は横井で活動を続けていく。文字通り、寝た子を起こす作業であった。

柿本と岡田が始めた子供会に参加していたのが、当時中学生だった小田よしみである。柿本よりも六歳、岡田よりも三歳年下で、岡田によれば、納得がいかないことは教師であれ、すぐに食ってかかる「しらこい子」だった。

小田は在日朝鮮人の父親、部落出身の母親のもとで、五人きょうだいの末っ子として五九年（昭和三十四年）に生まれた。父親は小田が高校生のころまで小さな建設会社の経営者、ありていに言えば土方の親方をしていた。横井では部落と在日朝鮮人との結婚は珍しい。小田家の食卓には時折キムチや焼き肉が並んだ。小田は子供のころからムラの中で在日朝鮮人であることを意識させられた。

〈小学生のころ、遊びに行くと「ニンニクの匂いするから漬物《つけもん》食《く》てくるな！」いうて友達によう怒られた。歯ァ磨いて遊びに行くねんけど全然あかんから牛乳飲まされたり（笑）。

仲良かったいとこは食べもんはまるっきし部落の人。サイボシ（馬肉または牛肉の燻製。主に部落で生産、流通した）に油粕《あぶらかす》、ホルモンでもムラ風に煎ったり炊いたり、煮こごりにしたりとかな。うちの姉ちゃんは同じ横井のムラの人と結婚したけど、婿さんはニンニク類は一切ダメ。だから姉ちゃんはキムチとか隠れて食べてた。でも結婚するのに食の合わない人は苦痛やと思うねや、思わへん？　あたしは絶対無理やわ、ほんまに〉

大阪の下町を舞台にした漫画『じゃりん子チエ』を地でいくような家庭に育った。

〈家ん中はきょうだい同士で血ィ見るようなケンカをしょっちゅうしてた。母ちゃんも飯《はん》場《ば》張ってたから気ィあらい。今日はきょうだいゲンカないなあと思てたら、飯場で人が刺されて帰ってきたりとか、酒飲んでケンカしたりとか、そんなんばっかり見てた。

そんな家に育ったから、あたしもどつかれ慣れしてるような状態。父親なんか道で出合い頭にボコッと頭どついていっきゃるねん。今日も遅うに帰って来て、というようなもん。電話でしゃべってても、家のもんがガガーッて会話してるから電話の向こうで「おい、お前とこケンカしてるんか」と聞くから「ううん、普通の会話」とか言うて〉

七五年（昭和五十年）、小田は高校に入学する。

〈その学校は近くに部落がいくつかあったこともあって、ムラのワルは皆そこに行く。在校生の中でムラの子が半分くらい。入学式のときに髪の毛を茶色に染めて、ピアスして、スカート長い子がけっこういてた。その中でも五、六人目立ったんがいて、あたしもそのもひとり。すぐにワルグループに呼び出された。ビビって行かへん子もおって、あたしともうひとりしか来てない。そこで番張ってたのがムラの子やってん。その子も市営住宅住んでてしんどい思いして育ってる。やっぱりムラ同士って相通ずるもんがあんねんね、「お前ら来たから許したるわ」って言われた。あたしはおべっかも使わへんかわり、反抗もしない。結局その先輩に気にいってもらえて、よう一緒に遊んだ〉

いわゆるワルグループに属していたわけではないが、ケンカは日常茶飯事だった。

〈両親は共働きやから中学生のときは家には母親がおらんもんやと思ってた。朝は土方やってるきょうだいの弁当入れて、晩はめし炊いておかずつくらなあかん。前は姉がしとったけど結婚して逃げよった（笑）。だから中学校ではクラブ活動もできんかった。

高校に入ってからは、めしつくりに帰らへんかったりして家に反抗しまくってた。暗なるまでに帰って来い言われるけど、通学時間は片道一時間半。冬なんか帰られへん。

高校時代はようケンカしたなあ。ストレス解消や。家の鬱憤《うっぷん》をみんな学校にもっていってた。女の子やったらだいたい口で言うたら終わってしまう。ガーッ言うたらだいたい泣く。どつきあいしたんもあるなあ。スカート破れて帰ったこともあったかなあ。引き分けはあるけど負けたことはない〉

家庭のストレス解消にとケンカを繰り返す高校時代だったが、在日朝鮮人と部落民の間に生まれた子供として、小田の心中は揺れていた。

〈そのころ一番悩んだんは、一体うちは何者やねんってこと。籍は日本人やけど、一般（部落外）の子と違う。一般の子から見たら部落。部落の子から見たら在日（朝鮮人）。ムラの中でも差別されて、外へ行っても差別される。在日の子は自分らの国に誇りもってる。胸張って生きてる。中学のときに朝鮮中学に入りたかった。その当時、朝中《ちょうちゅう》ってケンカ強いってもてはやされてたからかっこええと思てた。

でもな、奈良市内で部落の子と朝鮮の子と仲が悪かってん。お互いケンカするねんけど、あたし、どっちの味方にもなれないとこがあんねん。友達になりたいのに、なんでケンカせんならんのかな、と思てた。高校に朝高狩《ちょうこうが》りで有名な先輩がおって、バリッバリッのムラの子やねん。あたし半分ムラの子やんか。敵にしてるのが朝高の子やんか。つらいなぁ思た。兄貴の友達にも、あたしの友達にも朝高の子もいてたから。

あたしはどっちにつくか、というより好きな子は好き、嫌いな子は嫌い。周りのムラの子が朝高の子がどうやこうやと悪口言うてるときに心痛んでる部分がいっぱいあって、朝高の子がムラのことを悪く言うたら心痛んでるとこがあった。どっちにもええ顔してるわけやないのに、というつらさはあったな。いややな、こんな視野狭いの、ほんまにいややなと思てた〉

小学校時代から部落民として、また在日朝鮮人として差別を受けた。

〈姉ちゃんは同じ横井同士で結婚したけど、うちのお父さんが在日やということで反対された。たまたまそのとき、うちは土木で儲けてたから向こうの家もしぶしぶ認めたという感じ。婿さんがだいぶ頑固に、絶対結婚するねんって言い切ったから結婚できたようなもんやけど。

あたし自身は今までもろに差別受けたのは三回くらいあんねん。一回目は小学校四年ぐらいのときにムラの女の子に「あんたのお父さんは朝鮮人や、日本人と違う。よしみちゃんは朝鮮人や」と言われたからその子を叩いて泣かして帰った。ほんだらそこの親に怒鳴り込まれて、自分の親にどつかれた記憶がある。うちの母ちゃんに叩いた理由を聞かれるねんけど言われへんねん。なんでそのとき言えへんかったかいうたら、子供心に母親が悲しむと思ったんやと思うわ。

高校のときもあった。同級生の男の子に「お前は部落で生まれて父親は朝鮮人で、三つに四つ（前者は在日韓国・朝鮮人などを、後者は部落民を指す差別的隠語）で七つやな」と言われたことがある。そのときにあたしな、泣きはしいひんかったけど悔しいて悔しいて「それがどないしてん」言いながら、校舎の三階の窓から半分突き落とそうとした。体が小さい男の子やったけど、なんでこんな力出たんかな思うくらい怒ってな。結局その子はあたしの暴力で謝らしたようなもんや。

あとひとつは、家出して大学生のアパートに居候《いそうろう》してた高校三年生のとき。その大学生に「一緒になりたいなあ」て言うたら「お前とは結婚できひん」。「なんで？」って聞いたら「お前は部落やから親が許さへん。お前のことは好きやけど、俺はひとり息子やから親捨ててまでお前と一緒になられへん」て言いよった。「このタコ！」と思て。その男も奈良の人やから、どこに部落があるか知ってるやん。あたしは隠さない。隠したってしゃあないもん。隠しきれへん。早めに言う。友達の段階で言うとくから。

男はずるいで。最後に決定的に嫌や思たんは「俺が他の女と結婚したってええやん。俺らはそれなりに付き合うたらええやん」て言われて、なんちゅう男や、こんな男を好きやったんか思たら一挙に冷めてしもた。今考えたらあいつと結婚せんでよかったけどな〉

部落民、そして在日朝鮮人として悩みながら小田もまた、柿本と同じように、十代後半のころにはムラを出たいと考えていた。

〈うちって在日やということでムラの中でも色眼鏡で見られとったやんか。高校卒業したぐらいから、アホらしい、こんなとこで生活しとれんわ、いつか出たんねん、横井で埋もれる人間にはなりたないっていう欲望はあった。出る勇気はなかったけどな……〉

七〇年代も半ばに入り、横井では同対事業の一環として地区改良事業がスタートし、全世帯の半数の一五六戸が改良住宅の対象となる。七五年（昭和五十年）には横井のさまざまな活動の基盤となる隣保館がオープンする。読み書きができない人のための識字教室や、部落問題を学ぶ青年教室・成人教室、小中学生を対象にした解放学習会などがスタートする。部落の歴史を知る機会もなく「寝た子」だった多くの住民が部落問題を学び始めた。

部落民であることを卑下し、差別に泣き寝入りすることから脱却しよう、ムラの生活を見つめ直そうとする柿本や岡田らの考え方が、同対法というバックアップを得て、じわりじわりと浸透していった。

## 一九八〇年代

生まれ育ったムラを出たいと思っていた小田は、その勇気もきっかけもなく、高校卒業後はアルバイトにいそしんでいたが、思わぬ事態でムラを出ることになった。父親の経営する建設会社が倒産したのである。二十一歳になった小田は、父親の借金返済を手助けすべく、ある大都市の親戚の喫茶店で働くことになった。結局、ムラを約六年間離れることになったが、この経験が彼女を根本的に変えることになる。

八〇年代は不良住宅と路地に象徴されるかつてのムラの姿が次第に消え、改良住宅と呼ばれる二世帯が連なった二戸連住宅が次々と建ち始める。八二年（昭和五十七年）からは同対法が三年延長された後に施行された地域改善対策特別措置法で、新たに一〇三戸が改良住宅の対象となった。ムラの中央にある古い住宅群を残すかっこうで周辺のたんぼに新しい住宅が次々と建ち、ムラは南北に広がっていった。最後まで残った古い建物は、八〇年代の半ばに取り壊された。道路も新たに敷設され、以前と同じ場所にある建物は寺院だけとなった。かくしてムラは「どこに自分の家があったかわからなくなるほど」（柿本）変貌した。

家庭の事情で横井を離れた小田にとって、久しぶりに帰郷するムラはまるで異郷だった。

〈外で働きだして五、六年経ってから年に一回、お正月に帰るようになってんけど、びっくりするぐらいゴロッと変わってた。もう自分の住んでたとこやと思えんぐらい。お姉ちゃんの家は立ち退きになって引っ越してるし、その姉がどこに住んでるか口で説明されても、町並みが変わってしもてわからへんかった。姉の家に最初に行くときは迎えにきてもろた〉

八〇年代の半分以上をムラから離れ、大都会に身をおいた小田にとって、その体験はこれまでとは違う、まさに異文化との出会いだった。

〈あの時期って、あたし在日朝鮮人として生きてたんちゃうかな。自分の中で半分、ムラってことを切ってたと思うわ。言いたくもないし。そやな、あんまり言いたくなかったな。だいたいどこが部落かもわからへんし、部落のことを語る人もおらへん。でもあるお客さんが「どっから来てるの？」て聞くから「奈良です」と答えたら「奈良は部落の多いとこやな」って言わはった。ドキッとしたわ。あたしは「へー」って言うしかなかった。そのお客さんは関西から来てはった人やと思うわ。

そこに住んでたときは在日の親戚のおばちゃんの店で働いてたから安心やった。付き合う人も在日の人が多かった。自分が在日であることを隠す必要もなかった。在日中国人やギリシャ人のクォーターの子とも友達になって、よう一緒に街をブラブラした。在日中国人の子はアメリカにも留学してて英語もベラベラ。ディスコなんか行っても、横で外人と横文字で会話されたりしたら、わややな（かなわんな）と思ってた。あのころはカルチャーショック、パカパカ受けてた。

その友達には在日やいうのは言うてた。「よしみ、今度朝鮮料理のつくり方、教えてよー」て言われてたし。でも部落やということは言ってないな。出身の話になっても、奈良まで出ててもそれ以上の話は出えへんやんか。そこまで干渉しない。住所言うたってわからへんし。……でも半分避けてたかもわからへんな。外に住んでて逃げてる部分があったかもわからへん〉

バスの乗り方も知らなかった〝井の中の蛙《かわず》〟は、大都会という大海で思う存分、解放感を味わう。自分が部落出身であることを知っているのは、わずかな身内だけだった。大都会は、よしみにとって部落を忘れて過ごすことができた唯一の場所だった。

子供会の設立メンバーのひとり、岡田佐代子は、高校三年になっても受験勉強や就職活動をするわけでもなく、進路については何も決まっていなかった。これといった夢もなく、「典型的なムラの子やった」と当時を振り返る。七五年（昭和五十年）に高校を卒業し、とりあえずアルバイト生活を続けたが、職場の先輩に「保母の資格でもとってみたら」とアドバイスされ受験してみる気になった。数ヵ月後に迫った試験を受けたら合格、間もなくおこなわれた奈良市の保母の採用試験もパスし、年度途中の秋から新人保母となった。とんとん拍子で進路が決まったかのように見えるが、決してそうではなかった。岡田が進もうとする道の先には常に父親が立っていた。

〈高校のときに、大学に行きたいと父親に伝えたらはっきり言われた。「女に勉強はいらへん。はよ嫁にいくことを考え！」。保母になるときも言われた。「人の子守りするんやったら、はよ我が子を産んで守りせえ」。車の免許も「女は車乗るもんちゃう」て言われたけど、勝手に取った。うちの父親、めっちゃくちゃ封建的。女は何もしたらあかんねんて。ただ嫁に行って子供産むだけでええねんて。ほで（それで）よけいに反発してもうて、車に乗るわ、単車にも乗るわ、保母になるわで……〉

岡田が保母になった七五年は、部落内の公立保育所で同和教育が始まる画期的な年だった。部落内には保育園はあったが、ムラの生活実態に即した保育内容ではなかった。生活に根差した保育を、という運動が高まり、ゼロ歳児からの成長・発達を保障し、部落の親と保母らが関係を密にした同和保育が、横井のすぐ近くにある部落でスタートする。岡田は保母に採用されると同時に始まったばかりの同和保育に携わる。以後、八〇年代末までの十五年間を保母として過ごした。そこで岡田は、初めて横井以外のムラの実態に触れた。

〈それまでは自分のムラしか知らんかった。保母になって初めて差別と出会ったというてもえぐらい。あたしにとっては保育所は家から近いからすごく嬉しかってんけど異動してきやる人たちは「ここは怖いとこや」「なんでこんなとこ異動になったんや」「私はいいんやけど姑が反対してる」とか、露骨にそういうことを言うてはった。あたしが横井から来てるのをみんな知ってるから、どんなふうに思われてるのかな、というのがものすごい気になって、勤めた当初は人間不信になった〉

職場の先輩を通して、部落と部落外の子育ての違いにも気付かされた。

〈よそから来た保母はムラの子と接して「なんて子供らや」とまず思うわけ。言葉もきちんとしゃべらへんし、しらこいし、大変やと。離乳食も与えられてへんし、おむつとらなあかん時期も、歩行も、とにかく子供の成長を促すための教育がちゃんとおこなわれてないって言うわけよ。あたしは言われてることがチンプンカンプンやった。こんなん普通やんと思ってたから。

親のしつけについても言われた。二歳になったらしゃべらなあかんのに何してるの、この親はって。あたしは、えーっ、うちの子らて大変なんやー。ほなら横井の子はどないなるねん思て。中学生になって荒れるとか、そういう問題ちゃうねん。この年齢で大変やねんて気イついた〉

子供がどのように育つかは、ムラの住環境や食事、仕事なども密接に関係していた。

〈子供は親も環境も選ぶ術をもってない。ここらへんで子供を変えなあかんとか、保母やって見えてきたような気がする。子供がハイハイして歩くことができる家。住環境というのはこういうことを言うんやなあと。

食べることに関してもあたしは普通やと思てたけど、ほとんどの子が特に野菜を食べへんかった。ムラの子らは全部飲み込むねん。嚙むことができひん。そもそも食べてるもんが、おかいさん（おかゆ）にうどんに汁かけごはんやねん。保育所の看護婦さんが、嚙んでへんから脳の刺激が弱いんです、とか教えてくれる（同和保育所には看護婦が常駐している）。それ聞いてふっと思った。あたしが食べてきたもんも、おかいさんにうどんに汁かけごはんやろ。あと好き嫌いが多いって言われるけど、ちっさいときにいろんなもん食べてへんやん。食べるもんが選べるほどなかった。親は自分が食べてたもんを子供にやってるだけ。ごはんだけ食べてくるとかな。看護婦さんに「それ、何悪いん？」って聞いたら「だって佐代子さん、ごはんにはみそ汁でしょ」って。「うっそー、うち、みそ汁飲んだことないわー」って言うたら「どうしてーっ」って聞かはる。今はあたしもみそ汁炊くで。

そういうことを看護婦さんや先輩の保母から聞いて、今度はあたしが親に指導するやん。「お母さん、パン食べさすときは牛乳飲ましてよ。スナックパンはあかんよ。チョコレートパンもダメ。ごはん食べるときは卵焼きだけと違《ちご》て、みそ汁も炊きや」って。ほなら親に怒られてな。「うちらに何せえ言うんや！　うちら朝飯も食うたことないのに。先生、自分振り返ってみ、朝飯食うて学校行ったんか！」。ほんまや、いまだに朝飯食べて来《け》えへんわ。親は朝起きたら仕事に行っておらへんわけやろ。うちら、そんな習慣なかってん〉

食事だけでなく、言葉も親の影響が大きい。

〈今はそんな子はおらへんけど、二十年前は保育所の子供は人前に出てもしゃべられへん子がようけおった。子供は話しかけてやることが大事やねんけど、ムラではそんなことをする親は少なかった。話しかけてもしゃべるテンポが速い。主語と述語もはっきりせえへん。

例えば子供の怒り方が部落外とは決定的に違う。うち、いっつもムラの怒り方を真似したんねんけど、（機関銃のように）ババババババッて怒る。聞いてる子供が理解できひんような怒り方。で、すぐパシィッと手ェ出る。そないに怒らんでええよなあっていうくらい。そんな怒り方に対して歳いったおばちゃんとかおったら注意したるねんけど、その注意の仕方も「もうちょっとちゃんと言うたらんかい！」。そんな怒り方がこれまで当たり前やったもん。なかなか変えられへん。

あたし、自分を暴露するけど、こうやって保育の勉強してきたから子供への接し方とか話し方とかまだ変えられる。同級生としゃべるときはめっちゃ速い言葉でババババッてしゃべるけど、自分の子供にはゆっくり、わかりやすくしゃべったらなあかんと思う。でも人間怒るときは地が出るねん。あたしの怒り方を見て、うちの夫に「横井のお母さんとそっくりやな」って言われたときはショックやった（笑）〉

岡田にとっての八〇年代は、保育所でムラの子供と日常的に接することで、改めて部落の生活実態を見つめる期間となった。

七一年（昭和四十六年）に高校を卒業した柿本は、教師を目指し教育大学を受験するが二度失敗する。小田はこのころの柿本の様子をよく覚えていて、柿本の家の前を通ると、二階から大きな声で教科書や参考書を読む声が聞こえたという。

柿本が教師を目指したのにはいくつか理由があった。高校生のときに近所の親に請われ、月謝を取らずに家庭教師をしていて、教えるのが嫌いではなかった。子供会活動をする中で、部落内外の子供たちに部落の歴史や差別の不当性をきちんと学ばせる必要性も感じた。何よりも横井に住みながら活動を続けられるし、公務員はある程度自由な時間も保証される。それらを総合すると、教師という職業が最も自分に適していると考えたからだった。

三度目の挑戦で県内の教員養成大学に合格する。卒業後は横井で初めての教師になり、小学校の教壇に立った。間もなく結婚し、教職のかたわら地元で活動を広げていく。

その中でも特筆すべきは、八〇年代半ばに横井で最も盛り上がった児童館建設闘争だった。七一年（昭和四十六年）に横井の地域内にあった保育園が八一年（昭和五十六年）に移転・拡充され、同和保育が始まり、親たちの教育に対する関心が高まっていった。そのころ柿本は二十代後半で横井の解放運動の中核を担《にな》うようになっていた。

〈横井は八〇年代に入っても、まだ〝非行の町〟って言われてた。その一方で同和保育の中で非行防止は低学年の段階が大事やということがわかってきた。保育所や小学生のお母ちゃんたちの教育に対する関心も高まって、児童館をつくる運動へと広がっていったんです。行政交渉の参加者も回を重ねるごとに増えていって、そのうち夫を連れて運動に参加する母親も出てきた。お母ちゃんの中には「児童館と俺とどっちが大事や」と夫に離婚を迫られた人もおった。

僕の嫁さんも地元の活動に参加してたから、家に帰ってもすれ違いが多くなってきた。そのうち夫婦の会話がほとんどないほど忙しくなってきた。だんだん嫁さんは運動に対して否定的になった。「家庭と運動とどっちが大事なん？」と聞かれて、僕は「どっちも大事や」と言いながら、家庭をほったらかしやったんです。児童館闘争のときは三人目の子供が生まれたばっかりやったけど、ほとんど家に帰ってなかった。

でも、自分としては嫁さんに、「家庭のことはもうちょっと待ってくれ」と言われへん。そのころ嫁さんが言うた言葉を覚えてる。こういうことを言うた。

「ずっと今まで、わたしは一緒に頑張ろうと思って二人三脚を続けてきた。ところがあんたはわたしがこけても（つまずいても）、最初は起こしてくれたけど、だんだん起こしてくれなくなった。そのうち倒れたわたしをひきずりながら歩くようになった。わたしは何回もそのことを伝えたけどわかってもらえなくて、仕方なく自分で二人三脚のひもを切った。だからふたりは赤の他人と一緒や」

これが今から約十年前の児童館闘争が終わったとき。その話を聞いたとき、なんか自分の人生を言い当ててるなあと感じてね……。運動やってる人で離婚してる人はけっこう多いんですよ。僕もそのとき、こういう運動ではあかんなと思てね。時代は変わってるのに、家庭に犠牲を強いるような運動はよくないと思た〉

親たちの教育にかける熱意が結実し、児童館は八六年（昭和六十一年）に完成した。しかしそれは、いくつかの「犠牲」を伴いながらの難産だった。

六九年（昭和四十四年）に始まった同対法は、八〇年代においても名称を変えて、延長・継続される。八四年（昭和五十九年）には政府関係者、学者、運動団体などのメンバーで構成される地域改善対策協議会（地対協）が、「今後における啓発活動のあり方について」と題する意見具申を発表した。この中で部落の現況について次のように記述している。

——同和地区の生活実態、物的環境の改善は進み、一部の地区について問題を残してはいるものの、いわゆる残事業は地域改善対策特別措置法の有効期限内におおむね達成できると見込めそうな状況になっている。

また心理的差別の解消も、実態的差別の全般的な減少、人権意識の普及高揚及び各種啓発施策の実施等により、ある程度まで進んできたといえる――

横井では、借地や土地の又貸しが多かったことなどから改良住宅の建設は遅れがちだったとはいえ、事業はかなり進んだ。だが、そのことによって差別が減少したわけではなかった。住環境は変わったが「あそこだけなんで」という周辺のねたみ意識も生まれた。

意見具申が出た八〇年代半ばから後半にかけ、横井住民への雇用差別が相次いで起こっている。近隣にあるガソリンスタンドが、新聞に社員募集の折り込み広告を出したが、横井と近くにあるもうひとつの部落には一枚も配布されなかった。数年後、ある横井の住民が、新聞広告を見て近くの工場のパートに応募した。電話で住所と名前を言い、後日、諾否を問い合わせると「採用者はもう決まりました」と言われた。ところがそれから数日後、再度、新聞に求人広告が出ていた。

たとえ住環境が変わろうとも、差別する側の心理は容易には変わらなかった。

## 一九九〇年代

八〇年代初頭に父親の会社の倒産をきっかけにムラを離れた小田よしみは、勤め先の喫茶店で、店長だった道雄（五十一歳、仮名）と知り合う。彼もよしみと同じ在日朝鮮人で、両親が朝鮮半島から渡航してきた在日二世だった。八〇年代の後半にふたりは結婚し、まずは横井の近くの県営住宅に住み、その後、横井に移り住んだ。道雄はよしみの故郷で土方として働き始めた。

よしみが結婚当時を振り返る。

〈あの人と結婚したのは、多分在日同士という安心感があったからやろなあ。でも高校までに部落差別を経験してるから、うちがムラの出身やということを言うのはしんどかった。差別する人やないと思てても、なんか不安あったわ。結局言うたけどな。

母親のショックは大きかったみたい。「在日の人のとこにわざわざいくことはない、苦労するのは目に見えてる」って。というのは母親も在日の人と結婚して、姑との関係とかで苦労したから。結婚のことで家族会議が開かれて、結局あたしの性格やったら親子の縁切ってでも結婚する、ということで親も一応許した。

横井に帰ってきてもムラの人は最初は「どこの婿さん？」ってうるさかった。お母ちゃんは「いちいち在日の人やと言う必要ない。東京の人やと言うとけ」って言うてた。あたしは別に隠すつもりはなかったけど、しばらくは言えんかった。だから横井に帰ってきたら在日の部分で苦しまんならんねん。でも最近、あの人と一緒になって在日のことを一から勉強さしてもろて自信もてたというの、あんねん。今やったらなんで在日で悪いねんって言い返せる。うん、気持ちの中でな〉

結婚後、よしみは歴史好きの夫の影響で、彼の蔵書の中から古代日本史の本を読み始めた。朝鮮半島からわたってきた渡来人が日本史の中で重要な役割を果たしていることを知る。次第に歴史に興味をもち、日本の通史全二四巻を読破するまでとなった。ケンカに明け暮れ、煙草を吸って無期停学処分を受けた高校時代には考えられないことだった。

〈歴史を勉強したら朝鮮と日本の歴史の流れがわかるでしょ。やっぱり知識があることで違《ちご》てくる。在日で何が悪い、あんたら日本人に何迷惑かけたんやと思うようになった。大阪の在日は戦争中に朝鮮半島から半強制的に連れてこられたこともあったわけやんか。日本政府の責任もある。そういうことをきちっと頭でわかれば、すごい気持ちが楽になった。ムラの中にいてても、言うもんには言わせてたらええわって。そこはすごい変わったな。ムラを出る前のあたしよりもな。だいたいそれまで在日いうたら父親しか見てなかった。うちの父親もええ育ちしてへん。在日いうてもいろんな人がいてる。それにムラを出て在日以外のいろんな人に会うことで勉強させてもろたしな。

　でもな、同じムラで育って、同じように外から差別されてる人間に、また差別されるのはもっとつらいで。いややわ。同じように苦労して、同じような育ちしてきて、同じように差別受けてる人間が、なんで差別するねんってあたしは言いたいねや！　下を見んなよって。怒りになるときあるねん。在日の人だって、部落を差別する人もいてはるやんか。あたしはそのはざまで中途半端な人間やから、どっちに対しても腹立ってくる。だからすっごい虚勢張って生きてきた分、何で返してきたかっていうたら腕力でしかなかった。文句言わさんぐらいにいわしといたら（やっつけとけば）ええか、負けたらあかんねんって〉

　夫の道雄は在日朝鮮人である自分を、よしみと同じように「中途半端」だという。

〈韓国帰ったら僑胞《キョッポ》、日本にいりゃ朝鮮人だ、韓国人だと言われてすごく中途半端なんよ。朝鮮人だというアイデンティティはもってる。でも、義理人情とか心は日本人。テレビとか見てると知らないうちに教育されてるやん。けど、日本人と一緒やんかと言われたら、そうは思わない。気持ちは朝鮮人だけど、考え方は日本の人に近い。だからすごく中途半端〉

　結婚する前、道雄はよしみから部落に関する話を聞いたという記憶がない。そもそも部落問題があることを知らなかった。よしみは「あたし、ムラやって言うた。うちのムラ、柄悪いでって言うた」と力説（?）するのだが、道雄はそもそも「部落」の意味がわからなかった。

〈最初ここに来て、なんや雰囲気が朝鮮部落と変わらんやないか、と思った。それと優遇されてるな、うらやましいな、朝鮮人はこんなんないわ、と。ここの人は部落というぬるま湯にどっぷりつかって、どうにか生きていける。朝鮮人はそうはいかん。市営住宅とか改良住宅とかがあるというのは甘えの構造だと思う。ムラに帰ればどうにかなる。結局それがぬるま湯になる。ここの人間が部落の外に出られないのは、対話できない、挨拶できないからやろ。だったら自分の子供に対して多少しゃべれる人間にしてやろうという気持ちがないといかんと思うんや。一部だけど生活保護もらってパチンコしてるのがいるやんか。

たとえばな、親がかけてくる電話がまともじゃないもん。「誰々いる?」「どなたですか?」「誰々いる?」。切りたくなる。礼儀とか常識とかは学校に行ってる行ってないという学歴の問題じゃないと思う。わたしはムラの中にいるからそういうことはいい、という考え方やもん〉

道雄の実感には統計的な裏付けがある。

かつて住環境では奈良市内で最も遅れた部落といわれた横井は、住宅の整備に最も力を入れてきた。その結果、今では四五〇世帯のうち、約九割が一戸建てあるいは二戸連の公営住宅に住んでいる。公営住宅ができる六〇年代半ばまで、横井の持ち家率は七割だったが、現在では一割に激減している。横井は今や〝公営住宅の町〟に生まれ変わった。

一般的に部落は部落外に比べて高齢化が進んでいる。が、九五年（平成七年）の総務庁の統計によれば、横井の高齢化率は九パーセントで、奈良市全体（一二パーセント）や、奈良市内の部落全体（一五パーセント）よりもかなり低い。住宅が整備され、若い世代の定着率が高いのが大きな要因なのだが、その住宅整備が道雄の指摘するように、住宅も仕事もなんとかなるという「甘えの構造」の温床になっていることは否定できない。かといって住宅政策やその他の制度も廃止してしまうのは部落の生活実態をまったく無視することになる。よく効く薬と副作用の関係に似て、社会的弱者の救済と自立のバランスを保つのは至難の業である。

「甘えの構造」について小田夫婦はよく議論した。当初、よしみは夫の考えには反発していた。

〈だって部落は差別的な生活実態があって、いろいろ運動もしてきた。でもあの人が言うには、お前ら日本人は、まだ日本の国が保障してくれるからええって。在日は誰が保障してくれんねん、誰が助けてくれんねんて言われたときに、あたしはぐうの音も出えへんかった。あたしは在日の親をもってんねんけど籍は日本人で、何かにつけて保護だって受けられる。

でもあんまり言われたら、腹立つやん。あたしはもともとムラで大きなって、それでぶつぶつ言うけど、他人から言われたら腹立つで。それなりにしんどい思いしてきてるやん。

結婚した当初はな、すっごいケンカしててんけど、最近は自分も、あの人の言うこともっともやなと思うことがあんねん。「七十歳の人にまともになれいうのは無理。そやけど、いつまでも変われへんかったらムラはようなれへんぞ。それ変えるのは若い子やろ。若い子が挨拶もまともにできひんのはおかしないか」って。言うてることはもっともやと思う。

あたし、この人と一緒になったから自分の考え方、視野が広がったと思う。なんぼ外へ出ても帰って来て、ムラの人と一緒になってたら、多分また横井の考えに戻ってるやろな……〉

部落外から来た夫と、いったん外に出た妻のムラの見方は、かなり厳しい。夫婦の議論は、いつも「これから」を担う子供たちの話に行き着く。自らの体験を含めてよしみは子育ての問題点について次のように語る。

〈ムラの中はきれいになったけど、根本的なとこはいっこも変わってへん。うちの兄貴とか柿本さんの世代は貧しさが非行の原因やったやろ。うちらが小学生、中学生になったら失対（失業対策事業）があり、同対事業で仕事もだんだん保障されたやんか。景気もよかった。中にはしんどい子もいたけど、うちら腹一杯食べさしてもろたし、ひもじい思いした経験ない。そやけど何が足らんねやって言うたら、親の愛情やな。金守《かねも》りして、お金さえやったら子供はちゃんと育つ、贅沢さえさしたら子供は満足するという考え。違うやんか。そこらへんが根本的にわかってへん。なんもお金が欲しいんやない。ムラに一番欠けてるのが愛情ちゃうかって思う。子育てをすごい履き違えてる。あたしがそれをやられた第一陣みたいなもんやもん。

ムラの人全部がそうやないで。外に出て働いてるお母ちゃんなんか、意識が変わってきてる親も多い。昔に比べたら教育にも熱心やし、ちょっとずつ変わってきてる。前向きなお母ちゃんも多なってきてるわ。でも変わらん部分もある。子供がグレてお手上げ状態の連れ（友達）がおんねんけど、見てて腹立つねん。その子もそういう育ちしてるから、自分がどうしたらええかわからへんというのは理解できる。けど逃げてる。いつまでも何してんねん、ええ歳してんねんからしっかりせえよって言いたなるときがあんねん〉

よしみがいう「金守り」とは、文字通り小遣いを与えて守りをすることなのだが、横井には泣き叫ぶ子に小銭を握らせた、という逸話が残っている。子供に金や物を与えることが愛情であると錯覚している親が少なくなかった。子育ての方法は、良くも悪くも親から子へと受け継がれる。子育てから逃げたり、逆に抱え込んだりするのではなく、親と子供、親と学校がどのような関係を築くのかを真剣に考える時期にきているとよしみは考えている。

〈今は柿本さんや佐代子姉《ねえ》らがやってきたことにおんぶに抱っこのところがある。あのふたりが子供会をやり始めたころは低学力や家のしんどさを自分らができるだけ受け止めたいという気持ちでガーッとやってきた。今でもまだしんどい生活を抱えてる家はあるけど、それでも昔のこと思たら少ななった。

保育所でも、この家をどうにかせなあかんいうので入り込むのはええねん。でも毎日のように保母さんが子供を迎えに行くだけが能やない。かぼて（かばって）ばかりしててもあかんねん。そこらへんを保育所の先生も誤解してはった。保護すんのと自立させるのとごっちゃになってる。横井の子がポンッと社会に出されても、何もできひんと思うわ。挨拶とか基本的なことができひんいうのは、ほんまに損やもん。視野狭いやんか。そんでそんな子が子育てしてみい、また視野狭いやんか。

あたしはムラを出ざるを得んかったけど、それで外の世界を学べた。どっかで誰かが出したらんと堂々めぐりになるやん。息子を産むときから夫婦で話しててんけど、あの子らには狭い視野でものごとを見て欲しない。何でも平等に見れて、奈良にいてても世界へ飛び出せるような子供に育てたい。ほんでチャンスがあったらどこへでも行かしてあげたい〉

九八年（平成十年）の夏、当時小学四年生の長男が、奈良市の姉妹都市である韓国・慶《キヨン》州《ジュ》を訪れた。学校が希望者を募り、幸運にも抽選で選ばれたという。自ら希望し、児童の代表として挨拶もおこなった。文章は親子三人で考えたが、好評だったという。ものおじせず、前へ前へと進む姿勢は、親の影響であろう。

ムラは確かに、変わりつつある。

高校を卒業後、保母になった岡田は八九年（平成元年）に結婚し、九一年（平成三年）に奈良市議選に出馬する。八二年（昭和五十七年）から施行された地対法は八七年（昭和六十二年）に終結し、同年、十年の時限立法で地対財特法に変わる。横井では法律の期限切れが近づくたびに事業の打ち切りに危機感を募らせた。たとえ国の法律が切れても独自に県や市との窓口をつくっておきたいという声が上がり、運動団体として市会議員を出す話が出た。四人の他薦の候補者がいる中で地元の〝予備選挙〟で一位になったのが岡田だった。「目立つのは嫌い」だったが、地元の意向を受ける形で腹を決める。出馬に首を縦に振らなかった夫を、友人とともに半年間かけて口説き落とした。文字通り地元にかつがれる格好で初陣《ういじん》に臨み、当選を果たした。

岡田の活動範囲は、横井周辺という一部地域から一挙に広がり全市的になったわけだが、「外」に出てみて改めて感じることがあった。

〈過保護という言葉で言うてしもたらそれまでやけど、手綱ゆるめすぎいうんかねえ……。例えば就職で、本人が頼むんやったらまだ話がわかるけど、なんで親が出てくるねんと思う。自分でやらなあかんのに親任せの子が多い。親にしてみれば、やっぱり苦労させたくない、父親と一緒の仕事をさせたくない、とにかく安定したところ、という気持ちはわからんではない。でも「よしよしわかった、まかしといて」って言うのも変やろ。親の世代はムラの中で仕事も生活もしてきた人がほとんど。今はムラの外へ出て仕事する子も多なってきてる。けど、その子が差別に対して自分が強くならなかったらペシャンコになる。会社の中で起こったことに親は割って入られへんやんか。

それと自分の子供を将来どういうふうに育てたいかやな。「ええねん、うちはムラの中だけで育ったら」というのもええけど、外へ出たいという子供には外に出て通用する力をつけさせたらなあかん。昔みたいに親がアホやから子供が伸びひんみたいな考え方はなくしていきたい。

子供をかばうあまり、つい何でもやってしまう親がいる。できることはやらせる。失敗しても怒らない。自分の足で歩くこと。それがまだできてないのがムラの弱さやな。みんなといてたら何とかなるやろみたいな考え方は、これからムラの外へ出て行く上ではマイナスにしかならへん。差別の問題に関しても、自分がどう感じてどう動けるかという自己決定の問題。これは日本人すべてに言えることやけどな〉

ムラの外に出れば出るほど、ムラの課題が見えてくる。

議員一期目で妊娠・出産した。ムラが抱える問題は、わが子の将来とも重なる。

〈ムラの子供の学力はまだ低いと言われてる。なんでかなあと思うけど、経済力が安定してても気持ちの安定度が非常に低い気がするねん。子供が自己確立するには自信と安定が要るねんけど、あたし自身が今、やっともてたとこやもん。

例えば、家にいつ金が入るかわからへん、両親がいつケンカするかわからへん。その不安は子供のやる気、意欲を削ぎ取る。あたしの家は家庭の温かさや穏やかさはなかった。だからあたしはいつも不安でびくびくしてた。そのことは部落の中で生まれ育った夫と一緒で共通点としてある。だから今、越えて行きたい課題を一緒に生きてると思うねん〉

議員活動で現在最も力を入れているのが部落問題であり、そこから派生する教育問題である。だが、岡田には、かねてから取り組みたいと思い続けていた課題があった。女性問題である。進学、就職、結婚など人生の岐路で、あるいは日常的に、女はかくあるべし、と言われてきた。小田が「横井の男は、貧乏人のおぼっちゃんばっかりやで。女の子はたいがい苦労させられる」と言うように、女であることによって悔しい思いをしてきた。

〈部落の中はすごく女性差別がきつい。議員になって外へ出れば出るほどいろんなとこで活動してる女の人と出会うでしょ。そういう人を見るたびに、うちのお母ちゃん、こんなこと考えたことあったやろか、とふっと思う。例えば、うちのムラに住んでる女性の第一課題はな、今日のおかずを何にしようかということ。婿さんと子供のおかずをつくって、それから自分の時間がある。あたしもそう。よそはそれほどでもないでしょ。全体的にムラの女性は低いとこにおかれてる。やっぱり外の世界を知る機会が少なかった。ムラの中で生活してるだけで満たされてるとこもあるから外へ出て話す自信がない。家事やる男の人ってけっこういるよね？　当たり前やんなあ。そういう育てられ方をしてないムラの男って何なんだろうって最近思うねん〉

ムラを出発点にしながら、岡田の関心と活動は、次第に広がりつつある。だが、議員という立場を窮屈に感じることがよくある、と小声でいう。

〈鬱陶《うっと》しいやんか。こんな縛られた世界もないで。この日はこれがあって、この日はこうでという生活は、うち、絶対向いてないねん。人から見たらそう見えへんらしいねんけど。

市会議員を辞めた後、ひとつだけ決めてることがあるねん。あたしらはムラで貧しかった時代を生きてきたけど、高度経済成長があってめちゃくちゃ物があふれ出して、今の子供らは物を大事にしない。

この前、スラムで活動してるタイの女性がうちのムラに来はって、そのときに子供のスライドとか見せてもらって、ほんまに支援せなあかんと思った。向こうではスラムの子供が麻薬に冒されてる。レベルは違うけど横井も非行がひどかったから、昔のムラと重なるとこもあんねん。だから将来はアジアやアフリカの子供を支援する運動をやりたい。

これまで部落解放運動は、仲間として育てていくことに主眼をおいてたでしょ。個人として豊かな気持ちになるとか、個人として育つというのは弱い。でも個人を高めることって大事やと思う。そんなことをもっと知ったり話したりできる活動をやりたいと思てる〉

岡田の関心はムラという集団から個へと向かいつつ、ムラから国境をも越えようとしている。

念願の小学校教師になって二十年以上になる柿本は、今も毎日教壇に立ちながら地元のリーダーとして活動を続けている。柿本は横井の現状について次のように話す。

〈衣食住に関しては外から見たら贅沢してるように見えるかもしれません。金が入ったら車を買うのがここでは最高の贅沢なんですよ。食べることに関しても外食が多い。食生活にしても生活にしても、計画的にできない。経済的に余裕がある家は質素な生活してるけど、借金やローンで苦しんでる家の方が贅沢な暮らしをしたがるところがありますね。

仕事の面では土建の町いうのは昔と変わってへん。今は土建の仕事が六割、あと二割ずつが清掃業、公務員。土建会社というても二、三人の人夫を雇てるのがほとんどで、ABCでランク分けしたらほとんどがCランク。以前は同和対策事業関係の公共事業が多かったけど、今は不景気で仕事も少なくなってきた。その少ない仕事を取り合いせなあかん状況です。

ふたつ目は、仕事が安定してないということは子供に目が向かないので昔と同じような子育てをやってるということ。それと低学力。低学力を課題にしてない部落もあるみたいですね。横井はそれがまだ遅れてる。

昔は八割がたが荒れてる子供だった。今は三割くらいに減って、この子供らが低学力傾向にある。ムラ全体を見たときに、子供が荒れてるとはいえなくなった。やっぱり同和保育や子供会活動、児童館活動が大きいと思う。このままやったら荒れて大変なことになるで、ということで親と保育所と小学校が連携するようになった。小学校に上がったら五時半まで児童館でみてくれる。だからかなり変わってきてる〉

長年にわたり横井の子供たちを見てきた柿本は、若い世代の感じ方や行動力の変化をひしひしと感じている。

〈僕らの若いころは、在日朝鮮人問題までは考えなあかんと思てた。障害者問題や女性問題、こんなんは部落問題に比べたら軽い軽い、という見方やってんな。沖縄やアイヌの問題もそんなに真剣に考えてなかった。でもうちの子供は今二十歳を超えてるけど、在日の仲間ともいっぱい話してるし、障害者問題についてもいろいろ教えてくれる。けっこう部落外の仲間とも仲良くしてて、僕らのときとは違うな、というのは感じる。

若い子には、かつてのような、部落で生まれたという悲壮感はなくなってきてる。昔は横井から出て行った人は逃げたという発想。そんな子を批判してた。でも今は逃げたんじゃなくて出て行ける子がいるんやったら出て行ったらええ、というふうに変わってきた。大学に行ってもええし、土方してもええしね。ほんで横井におって働く子がいてもええ。条件の許す子が運動つくっていったらええ。そう思うねん。

大学に行く子も出てきたけど、その子が将来就きたい仕事がムラにない場合が多い。そんな子らはムラを出て行かなあかん。そういう子が出てきてることは事実ですわ。そんな子がムラを恥ずかしがったり隠したりするんと違《ちご》て、ムラとのつながりをもちながらやっていく。それがこれからの課題です〉

横井の課題は、共同体の中で支え合うという内に向く視点に、共同体を出ていく人間といかにつながるか、という外に向かう視点が加わった。

同対事業の進展でムラは変わった。目に見える住環境と、目に見えない関係の双方においてである。時にはおせっかいと思えるほどの濃密なつながりは、時代とともに薄れつつあるという。そこで横井では一年を通してさまざまなイベントを行うようになった。ムラ内外での交流を目的に、スポーツ大会、バザー、運動会などがひんぱんに開催されている。小学校が休校になる第二、第四土曜日には、近隣の子供たちにも呼びかけ、町内オリエンテーリングを開いたりバスを借り切ってスケートにも出掛けている。隣接する地区の参加者はいまだ少なく、近隣であればあるほど差別は残っているとはいうものの、ときには地元、横井の子供よりも部落外からの参加者の方が多い日もあるという。地元住民の願いで建設された児童館は、徐々にではあるが横井だけのものでなくなりつつある。

「児童館はどこにあるんですか？」

横井には何回も来ているにもかかわらず、すぐに方向がわからなくなる私は、食べ物屋にいたおばちゃん数人に道を尋ねた。初夏のある日の午後だった。

「向こうや向こう！」

そのうちのひとりが、スイカを食べる手を休め、指差しながら教えてくれた。

「児童館ってひとつだけですよね？」

私が確認すると、おもろいことという子やといわんばかりの表情で、そのおばちゃんが言った。

「児童館がふたつもみっつもあるかいな！」

初対面とは思えない気安さと直截的な物言い。ああ、ムラのおばちゃんやなあと、ひとりにやけながら、私は児童館へ向かった。

何十年か前には老朽家屋が所狭しと建ち並び、迷路のように入り組んでいた路地は、いまは跡形もない。一画には建売住宅を思わせる改良住宅が整然と並んでいる。運動スローガンが書かれた立て看板がなければ、ここが部落であるとはわからない。

だが、確かにここは部落である。アスファルトをめくれば地面が見えるように、三人の話をじっくり聞いてみると、軽妙な語りや、こぼれ落ちそうになった涙の中に差別が、時にはほのかに、時にははっきりと見えてくることがあった。

「へー、そんなムラもあるんやねえ。お宅のムラとうちはだいぶ違うんやねえ」

ひととおり取材を終え雑談になったとき、柿本は私が育ったムラの様子を聞き、感心したようにそう言った。我がムラは、横井ほど貧しくもなく、また荒れた子供も少なかった。私は横井の話を聞き、かつての貧しさと非行を生む背景に衝撃を受け、柿本もまた平穏な我がムラに驚いたようだった。ことほどさように、部落によって事情は異なる。

横井から長屋や路地が消え、新しい住宅が増えるにつれ、あちこちで毎日のように繰り広げられていた夫婦ゲンカは格段に少なくなった。日用品の貸し借りに代表される同志的なつながりも、困窮家庭が少なくなっただけにその必要はなくなりつつある。だが、イベントの後におこなわれる交流会では昔ながらのムラのつながりを見せつけられる。そこには部落に失われつつある一体感のようなものが、確かにあった。あらゆるしがらみから逃れたいと念じながら、地縁・血縁が凝縮した部落問題に関心をもつという矛盾を抱える私は、横井の明け透けで濃密な人間関係が、少し羨ましかった。

一見、何の問題もないかのように見える横井の生活。だが、部落差別とは何と怖いものであろう。ムラの子育てや思考、行動様式、生活には、その日暮らしの気ままさと、親から子へと受け継がれる被差別の悪循環が凝縮されている。巷間ささやかれる「部落は怖い」は「部落差別は怖い」と改めなければならないはずだ。

ムラ——。ここは被差別の歴史と生活を引きずりながら自暴自棄になる人々と、世間に通用する人間を、と拳《こぶし》を握り締めながら語る人々とが共生する街なのだ。

# 第四章　食肉工場

頭、尾、内臓などを取られ半身になった牛の枝肉《えだにく》が、天井のレールに沿って次々と運ばれてくる。逆さ吊りの格好でズラリと並んだ肉の群れは、階段状になった席から見下ろすと壮観である。

「はい、香川産、一四〇〇円から……」

競《せ》りを仕切る太夫《たゆう》の声がマイクを通して響く。電光掲示板には産地、等級、重量、傷の有無などが表示され、カシャカシャという音を立て、買値が五円単位で上がっていく。枝肉は、肩ロースにあたる部分に大きな切れ込みがあり、肉の色、脂の混ざり具合がわかるようになっている。白い上っ張りを着た眉毛の太い全農（全国農業協同組合）の係員が懐中電灯でそのロース部分を照らす。仲買人たちは、肉質を見ながら、いくらで仕入れていくらで売るかを瞬時に計算する。時には同業者に軽口をたたいて相手を牽制しつつ、机の下に取り付けられたボタンを押す。顔は笑っていても、指はしっかり机の下で動いている。仲買人たちの秒単位の戦《いくさ》である。

売値が上がらず、買い手がつかないときには、太夫が販売促進役を務める。

「誰か買《こ》うたってくれへんか。悪ない肉やで。○○ちゃんどないや？　最近よう儲けとるらしいやないか。この前、泊まりがけでゴルフ行ったんやて……」

「ハムにするしかない肉やがな」

仲買人の食指は動かない。

競りの最中、太夫の携帯電話が鳴った。

「はい、もしもし……いま競りやってんねん。後で電話かけてくれるか」

戦はしばしの間、中断である。

「女かいな？」

仲買人がからかう。のんびりした風景である。

競りが再開してしばらくたったころ、若い仲買人が、「すんません、ちょっと用事があるもんで」と太夫に告げ、出て行こうとした。

「これか？」

太夫は小指を立て、件《くだん》の仲買人の背中に一言浴びせた。

「昼間の女と酒はよう効くで！」

会場からドッと笑いが起きた。

枝肉の後、脱骨し、小分けされた部分肉が競りにかけられる。段ボール箱から真空パックされた大小さまざまの肉が次々に取り出される。工事現場の監督が着るようなジャンパーを着た男が売り手らしい。枝肉と同じように大夫によって競りにかけられるが、買値が足踏みするたびに、ジャンパー男の顔が険しくなる。しまいには、もっと上がれ、もっと上がれと言わんばかりに両手を頭上に掲げ、手のひらをひらひらさせている。買い手は何かと商品に文句をつけて買値を下げようとする。

「ようけ肉汁出とるのお」

「なんどいや（なんなんだ）その肉、形も色も悪いのお。お前の嫁さんの顔もそんなんかいや」

ジャンパー男の顔が一瞬緩み、すぐまた鋭い目つきに戻った。

軽口が飛び交う中、次々と競り落とされ、買い手の名前がマジックで大書された段ボール箱が運び出される。

午後から始まった賑《にぎ》やかな戦は、約一時間で終了した。

一九九八年（平成十年）二月。私は兵庫県加古川《かこがわ》市志方町《しかたちょう》にある加古川食肉センターに通った。ここでは一年間に牛約一万四〇〇〇頭、豚・羊など約四〇〇〇頭が屠畜《とちく》される。兵庫県内で生まれ育った牛は、屠畜された後、神戸ビーフに生まれ変わるが、その有名ブランドの一部は、この食肉センターを通過している。

兵庫県南部の播州《ばんしゅう》平野に位置する加古川市は、人口約二七万人の中規模都市である。市内には二〇ヵ所以上の部落が存在し、市北部の志方町南町《みなみまち》にこの食肉センターがある。約四〇〇世帯の南町では約八〇人が食肉センターで働いている。センターの周辺には食肉を加工する工場・作業場が大小あわせて約五〇ヵ所あり、ムラの中をぶらぶら歩くと食肉用の牛が小屋の中で草を食《は》んでいる風景も見られる。文字通り食肉の街なのである。

牛・豚などの屠畜、解体から売買までをおこなう同様の施設は全国に三〇〇ヵ所余りあるが、立地、労働者など何らかの形で密接に部落と関係している。食肉センターはかつては屠畜場や屠場《とじょう》と言われ、志方のそれは十七世紀末にはその原型が資料で確認されている。つまり、少なくとも三世紀の長きにわたって続けられてきた伝統産業なのである。

部落特有の地場《じば》産業は部落産業といわれている。部落産業の代表格のひとつとして挙げられるのが食肉で、その歴史は長い。六世紀に殺生《せっしょう》を禁じる仏教が伝わると、屠畜や肉食を穢《けが》れているとする考え方が次第に広まった。中世以降は行き倒れ、老衰、病死した牛馬の処理・解体を賤民身分（エタ）が担った。賤民の集住地域は近代以降に部落と呼ばれるようになったが、生業《なりわい》はそのまま引き継がれた。屠畜された牛馬の皮は靴、鞄《かばん》、太鼓などに、骨類は肥料などに利用されるが、それらの職業に従事してきたのも、やはり賤民、部落民である。

部落のすべてに屠場があるわけではない。多くの部落は特にこれといった産業もなく、そのような部落で育った者にとっては、部落産業といっても異文化の範疇《はんちゅう》に入る。例えば私にとって肉はきわめて身近な食材だが、食肉産業に関する知識はないに等しかった。毎日のように肉を食べながら、私たちは屠畜の現場や食肉がどのようにして加工されるかを知らない。それどころか食肉産業やそこに携わる人々を、怖いイメージで見る人もいる。彼らがどのような動機や経緯で食肉産業に就いたのか。どのような現場で働いているのか。職人や労働者は、自らの仕事を、また部落をどのようにとらえているのか。単純に肉が好きということもあるが、食肉産業が部落問題と関連していることに以前から強い関心があった私は、故郷の加古川市に食肉センターがひとつあることを思い出し、現場に行ってみたいと思った。つてを頼って南町で肉の仲買、加工を営む福本敏之（五十一歳）に電話した。「とりあえず競りを見においで」と言われ、初めて見学したのが冒頭に書いた競り風景である。今度は競りの前の段階である屠畜作業を見たいと思った。それならいっそのこと食肉センターで働いたら一石二鳥ではないかと思い、福本に相談した。

「よっしゃ、わかった」

数時間後に連れていかれたのは食肉センターではなく、ムラから少し出た場所にある食肉加工場だった。四方は小高い山に囲まれ、たんぼが広がり、周囲には焼き肉屋や同じような食肉加工場が点在している。

事務所で応待に出てきたのが、競りの後半に両手をひらひらさせていた男だった。短躯《たんく》で黒のポロシャツにグレーのゴルフズボンといういで立ちで、芸能レポーターの前田忠明に似ている。福本よりひとつ下の五十歳で、ふたりは同業者であり、友人でもあるらしい。差し出された名刺には「カブト食品株式会社代表取締役　廣澤隆」とある。競りを見学していて、その言葉遣い、雰囲気、立ち居振る舞いから、てっきり部落のおっちゃんと思っていたが出身者ではないという。話を聞けば大手のハムメーカーを辞め、この世界に飛び込んできたらしい。

部落出身者が大半を占める食肉産業において廣澤はパイオニア的存在である。福本が私に廣澤を紹介したのも、部落外から食肉産業に就いた者が活躍し、部落産業が変わりつつあることを見せたいという意図からのようだった。

「そういうことで、ちっとま（少しの間）働かせたってほしいんや。アルバイト料は要らん言うとるし」

福本の依頼に、廣澤は快諾し、私に向かって聞いた。

「君は運転免許もっとるか？」

すでに配達を考えているようだった。食肉センターで働きたかったんやけどなあ、いまさら断られへんしなあ……私は一瞬、逡巡したがつくり笑顔で答えた。

「もちろんもってます。運転できますよ」

かくして私の一週間余りの体験労働が始まった。

食肉工場の朝は早い。

肉質を落とさないため、気温が低いうちから作業を始めるのだが、それにしても二月の朝はかなり冷え込む。作業用の白い上っ張りと鍔《つば》のついた帽子をかぶり、ビニール製の前掛けをつける。ふくらはぎの部分にマジックで私の名前が書かれた新品の白長靴に足を通す。ひんやりと冷たい作業場は、肉屋に足を踏み入れたときと同じ肉の脂の匂いがする。工場は枝肉を小分けしていく捌《さば》き室と、小分けされた部分肉の脂肪や筋をとる加工場に分かれていて、まずは捌き室で働かせてもらう。

午前八時きっかりに、脂汚れを防止するためにビニールでくるまれたラジオからロックが流れてくる。隣の冷凍庫から天井を這《は》うレールに沿って枝肉が運ばれた。日本で食される肉牛は、その半数以上が去勢牛である。

脂で包まれた枝肉は、ほのかにピンク色が差し、間近で見ると肉の塊《かたまり》というより何やら巨大なオブジェのようである。何かの拍子で二〇〇キロ余りの枝肉が落ちてくる危険性があるので、肉の真下に入ることは厳禁だ。

三十代前半のがっしりした体格の職人が、枝肉の下三分の一、肩のあたりに刃渡り五〇センチほどの長い包丁をぷすりと刺し、真横に切る。背骨はさすがに硬いので電動のこぎりで切断する。

「ウイーン、ガガッ、ガガッ」

大音響が響く。真っぷたつに切断された片方、胸から上の部分が三畳ほどある作業台にドサリと載せられる。肉はさらに二分割され、骨と脂肪が取り除かれる。職人は刃渡り一〇センチほどの小型ナイフを、骨に沿って這わせ、骨と脂を取り出す。刃を自分に向けたり、逆に外に向けたり、まさに自由自在である。真っ白の軍手は血ですぐに赤く染まる。

巨大な脂肪の塊は純白に近く、降り積もった新雪のようである。脂は大きいものではバスケットボール大もある。取り出された骨と脂は大きな箱に次々に投げ込まれる。骨にはさまざまな成分が含まれていて、ゼラチンは医薬品や写真用フィルム、骨粉は肥料、脂はマーガリン、工業用石鹸、グリセリンなどに利用される。

取り出された骨は大小さまざまあるが、大きなものになると赤ちゃんの頭ぐらいはあり、肉と引き離すときにはメリメリと生木《なまき》を裂くような音がする。羽子板の異名をもつ扇形の肩甲骨は、最大幅が三〇センチほどある。なんだか博物館で恐竜の骨を見ているようである。職人はときにはナイフを支点に全体重をかけ、肉を切り離していく。足の指に力がかかるらしく、数ヵ月で長靴の指の部分に穴があくという。

胸から上が終わったあとは、後ろ足にあたるもも肉が分離され、さらに胴体が二分割される。胴体には背骨と一〇本余りのアバラ骨があり、これも一本ずつ取り外される。背骨は人間のそれと構造は同じで、拳がつながったようになっていて、ナイフを研ぐ棒状のヤスリでひとつずつねじりながら取り外す。

次々と骨と脂を取り出す職人は、伝統工芸の名工のように動きに無駄がない。巨大な枝肉は、約四十分で五分割され、脱骨される。別の職人によると通常は五十分はかかるというからこの職人の腕のよさがわかる。底冷えのする作業場にもかかわらず半袖姿の捌き職人は、作業を始めてものの十分も経たないうちに額にうっすら汗を滲ませている。

「な、わかるやろ。厚着しとったら電気毛布かぶったみたいに暑いねんでよ」

半袖姿に驚いていた私は、職人にそう言われ納得する。ちなみに私は厚手のセーターの上に上っ張りをはおっているので、上半身はパンパンに膨れ上がっている。枝肉を最初に手掛ける捌き職人は社員ではなく、出来高制になっていて、一日六、七体を捌く。中学を卒業後、食肉の世界に入り、仲買人などを経て二十歳から捌きを始めたという。

巨大な枝肉を捌く職人は技術が求められるが、その出来不出来によって商品に影響が出てくるという。自らも捌き職人で、現在は営業を担当する遠藤和浩（三十九歳）は最初の捌きの重要性を次のように語る。

「捌きを最初からちゃんとしてなかったら肉がポロッと取れたり、筋引き（肉にある筋や脂を取る作業）もやりにくくなる。そやから現場には『丁寧に捌け』と言う。同じ商品でも見場《みば》が悪かったら相手さんに与える印象も違う。そうすると商品をもっていっても商売がしにくい。値打ちがあるのに値打ちないことになってしまうこともあるわけです」

店頭で一〇〇グラム単位で量り売りされる肉は、二〇〇キロ前後の枝肉を捌く段階で商品としての価値が決められているわけである。

大まかに五分割された肉は、さらに腕、ネックなど一六の部位に分けられる。例えば胴の上、馬でいえば鞍があたる部分はサーロインとリブロースに切り分けられる。落語家の故桂枝雀に似ていて、いつも不精髭を生やしているこの道三十年の職人が、刃渡り三〇センチほどの包丁で次々と切り分ける。ただ切り分けるだけでなく、余分な脂を取りながら形を整えていく。いわゆる整形作業である。肉の値段は色やサシと呼ばれる脂肪の交ざり具合などによって決まるが、整形作業ではこの見栄えをよくするための化粧もほどこす。サーロインであれば包丁で肉の断面をなで、サシがより細かく入ったように見せる。

整形した部分肉は、ビニール袋に包んで真空パックした後、さらに肉汁が滲まないように湯に数秒つける。肉汁がまわると味が落ちるという。この作業をまかされているのが知的障害者の三浦真平（二十三歳、仮名）である。作業が少しでも遅れようものなら職人から作業場に響き渡る声で、

「真平！　どないしょんのんどい」

と叱責の声が飛んでくる。播州弁とムラ特有の語り口調が一緒になった言葉はやたらに威勢がいい。標準語でいえば「何をしているんだ」になろうか。真空パックしたはずが、

わずかに空気が入ってしまうこともある。

「ちゃんとせなあかんがい。わかっとんのかい真平！」

いつもの怒声が鳴り響く。当の真平は慣れっこになっているのか、さしてこたえたふうでもなく、にこにこ笑っていることもある。営業から帰って来た社員などは、挨拶がわりのように「ちゃんと仕事しとうかあ、真平！」と声を掛けている。

ある日、私が仕事を終え、事務所に顔を出すと小中学校で同級生だった男が廣澤と話し込んでいた。

「お前、ここで何しとんねん？」

私が問うと、

「お前こそ、何しとんねん？」

と問い返された。

私の同級生、蓬萊《ほうらい》真吾（三十五歳）は養護学校の高等部で三浦の担任だったという。話を聞くと同時期にカブト食品に入社した三浦の同級生が、家庭の事情で出社できなくなり、廣澤に相談しに来たらしかった。

「すんませんなあ。雇用保険まで入れてもろとったのに……」

蓬萊が恐縮すると、廣澤は「エコー」をくゆらせながら言った。

「ワシの飲み代のこと思たらどうってことないですわ」

ふたりの話が終わったあと、私と蓬莱は会社を出て喫茶店に入った。

彼の話によると、養護学校は卒業生の就職先を探すのに四苦八苦しているが、他校では食肉産業は部落と結び付いているという理由で、親が嫌がるケースもあるという。三浦の場合は、親が新聞の折り込み広告を見てカブト食品の職員募集を知った。親から連絡を受けた蓬莱が指定された時刻に会社に赴いたが、廣澤は待てど現れない。これは相手にされてないわ、と思いながらその日は学校に引き返した。ところが翌日、廣澤自らが学校に来て「きのうはどうしても出ていかなあかん用事ができたもんで」と平身低頭し「一回職場に生徒さんを連れてきてください」という。会社の採用責任者に適当にあしらわれることに慣れていた蓬莱は「あれ？」と思った。廣澤の言葉に従いふたりを連れて会社を訪問すると、とんとん拍子で採用が決まった。「会社の経営者として自分にできることがあれば、助けを請う者には可能な限り手を差しのべる」というのが、廣澤の信条である。

「一回会《お》うただけやのに、ほんまに大丈夫かいな」と蓬莱は思ったが、採用後に作業場をのぞいてみて、それが杞憂であったことがわかった。

真空パックする前に肉の各部位はその大きさによって違うビニール袋に入れなければならない。ビニール袋は五種類の大きさがあるのだが、三浦にはその大きさが見分けられなかった。そこで袋が置いてある棚を五色に分け、色を言われればすぐに取り出せるようにしていた。

養護学校に勤めて七年目になる蓬萊は、障害者雇用の門戸の狭さについて語る。

「うちの生徒はどれだけ仕事ができるかという基準で測られるとつらいんや。障害があるままで仕事ができたら一番ええねんけど、なかなかそういう職場はない。あっても無理してでも会社に合わせなあかんから、結局は卒業生の方が辞めざるを得んのや。その点、社長にはほんまに世話になってるんや」

五種類のビニール袋は今では八種類になったが、三浦は色を言われなくても何の苦もなく取り出している。廣澤はいう。

「最初は、段ボール箱をつくるのに上下もわからんかった。けれど、環境さえ整えたらやっていける。つまり潜在能力があったということや」

同時期に入社した同級生は、三浦と性格が違う。当然接し方も変えなければならない。同級生はあまり声を掛けずにかまわない方がいいが、三浦は何かと声を掛けた方がいいという。真平への絶え間ない怒声は、職人たちのやや荒っぽいコミュニケーションの方法だった。

三浦によって真空パックされた各部位は、計量され、その数値と部位の名称が入ったラベルが貼られる。捌かれた枝肉が出荷される前の仕上げの段階である。その作業を担当するのが「我が社のエース」と廣澤が語る、最年少従業員の川原勝也（十七歳、仮名）である。細身でやや長めの髪は茶色に染められ、片耳には銀色のピアスが光っている。後日、カブト食品御用達《ごようたし》のスナックに行くと彼の女装姿を写した写真があり、妙に様《さま》になっているのに感心したことがあった。なんでも川原の母親が以前、このスナックで働いていたことがあり、カブト食品との縁ができたらしい。

捌き室で私が手伝えることといえばこの計量作業くらいである。計量機に部分肉をひとつずつ載せ、ボタンを押すと数秒後に部位と重量が印刷されたラベルが機械から舌を出すように出てくる。ボタンを押す前に部位を識別しなければならないのだが、それは川原の役目で、私は言われたボタンを押すだけである。要するに誰でもできる作業である。

部位の見分けは素人にはお手上げだ。例えばロースといってもリブロースとサーロインのふたつがあり、私には区別がつかない。それが一六種類もあるのだからとうてい私の手に負えるものではない。私が明確にわかるのは「三角バラ」(胸部の一部)や「マル」(後ろ足の一部)など、形と名称が一致しているものだけだった。結局私は段ボール箱をつくったり、肉を箱に詰めたり、瞬時に鼻毛が凍る零下三〇度の冷凍庫にその箱を運んだり……という単純作業を手伝うだけだった。

川原は計量、箱詰めが終わると包丁を握り、整形作業を手伝う。最年少のエースに一息つく暇はない。

三日間ほど、川原に付いて競りや配達に同行させてもらった。働き者である。競りが始まる前には顧客に声を掛けている。

「今日はええの入ってるで。これなんか見て、ええサシ（脂）入ってますやろ」

十七歳とはいえ、傍から見ていると立派な商売人なのである。

にわか見習い職人となった私は、ずいぶん年下だが職場では先輩になる川原に注意されることが多かった。商品が入った段ボール箱には抱えやすいように横腹に穴があいている。手渡すときは箱の下を抱え、相手のために指が入る穴はあけておくこと、などという初歩的なことから、曲がり角でのトラックのハンドルの切り方に至るまで——彼は免許をもっていないにもかかわらず運転技術を熟知していた——歯に衣《きぬ》着せず直言する。

「ちょっと言い方きつかったかもしれんけど、職人の世界はこんなもんやから気にせんといてな」

注意を受け、少しだけ涙目になっている私を慰める心優しき先輩でもあった。

川原の出生地は和歌山で、地縁、血縁とも部落とは縁がない。幼稚園に入る前に埼玉に引っ越したが両親が離婚、川原は母親に付いて兵庫県内の加西《かさい》、高砂《たかさご》、加古川を転々とした。小学四年生のときに母親が南町の男性と結婚し、約半年間、そこに住んだ。ここで初めて部落との接点ができる。だが新しい父親とウマが合わず、小学生時代から短・長期の家出を繰り返した。中学三年生で放浪癖は本格化し、県内をはじめ近畿各地を肉体労働のアルバイトをしながら渡り歩いた。学校には時々顔を出していたため何とか中学校は卒業できたものの、卒業式の直後に大阪で犯した窃盗、傷害で警察に連行されたこともあった。その後、内装、鳶職《とびしょく》など建築関係の現場で二年ほど働いたが、先述したように母親のつてでカブト食品でアルバイトをすることになった。

アルバイトといっても朝八時から夕方五時までのフルタイムで、労働量は従業員と同じである。「いっそのこと社員になるか」と廣澤に言われ、晴れて正社員になった。半年ほど住んでいたことがあったので、食肉の仕事が部落産業だということは知っていた。

「別に部落やからいうて抵抗感ないわな。今のオヤジが住んでるとこやし」

会社からバイクで十分余りのアパートで独り暮らしをする川原が、寝転びながら私のインタビューに答えた。日曜日の午後に訪れたが、前日に突然入った仕事で深夜まで残業し、それから朝方まで香港のアクション映画のビデオを見ていたという。眠い目をこすり、マイルドセブンを立て続けに吸いながら仕事の魅力について語った。

「今は商売が面白いな。競りとか営業とか。肉の色、形、大きさ、サシの入り方で、売る側と買う側で肉の価値が違う。その接点をどこで見つけるかやな。肉のよさはまだよくわからんけど、ミリ単位の違いで価値が違ってくる。サシが細かく入ってたら上物《じょうもん》やし、また入ってるように見せるのが商売人やから」

職人はいかに肉をきれいに見せるか、営業はいかにそれを売り込むか、川原はその技術と駆け引きに関心があるようだった。

「牛は捌いて加工せなあかん。その元となる仕入れは営業がせなあかん。加工した後の肉は売らなあかん。これすべて営業の仕事。今はカブト食品のメインじゃないけど、歯車のひとつとして働けてると思うよ。でもいつかはなくてはならん歯車になりたいと思う。この会社やったら自分もいつか大きくなれるような気がするから」

並々ならぬ関心と商才を見抜いて、会社側はいずれ川原を営業に加えたいと考えている。

鳶職や内装職人をしていたころに比べて収入は半分以下になったが、商いの魅力には代えられないようだ。社歴も浅い上に最年少とあって、先輩職人の小言や説教は言われ放題に近いが、当の川原はどこ吹く風といったふうである。

「ここは特にうるさいとは思うけど、まあどこの業界でもこんなもんやわ。でも変にネチネチやられるよりはポンポン言われる方がええ。仕事終わってメシ食いに行ったら営業の遠藤さんなんか『うまいやろ、ここの肉』っていろいろ教えてくれるしな」

十七歳の歯車は、カブト食品という機械の中で、今のところうまく嚙み合っているようだった。

先述したように、川原と部落の結び付きは母親が再婚した小学生時代にまで遡る。部落に住んでいたことから彼も部落民とみなされた経験がある。小学校四年生のとき、上級生に「お前も部落のもんか？」と言われたことがあった。川原はその言葉を、部落で生まれ育った父親を非難しているように受け取った。「それがどないしてん」と言いながら相手に殴り掛かり、打ちのめした。

「わいは部落とは血のつながりはない。自分のことは笑って済ませられるけど、オヤジのことで言われるのはむかつく。そんなときは相手をとことんやってまう」

納得のいかないことには暴力も辞さない、というのが川原流の差別撃退法だった。典型的な直情径行型だが、その一方で頼られる存在でもあった。中学時代、部落に住む男友達がある女子生徒に思いを寄せていた。その友人から「俺が部落のもんやから相手が振り向いてくれへん」と相談された。

「よし、わいにまかせとけ」

と友人の代理人となって仲立ちしたこともあった。

部落の側にも立つが、部落の方もしっかりせなあかん、と川原は考えている。

「自分がプライドもってたらええ方向にいく。『ここの出身です、何か文句ある？』ってな。それでも何か言うてくる奴は少ないで。言うてきたら、とことんやってまうか、無視したらええ。そこで逃げてしもたらあかん。部落なんか関係あらへんやんか。自分自身が輝いてたら世の中まわってくれるもん。だいたい部落やからってほんまに変わったとこあるかいうたらないんやもん」

川原は小学生のとき、母親が再婚する前に片親であることでいじめられそうになった経験がある。

「お前、お父ちゃんおらへんのか?」

友人に言われ、言い返した。

「おらへんかったら悪いんかい」

それ以来、その友人は片親であることを話題にすることはなかった。部落で何か文句あるんか、という発想は、彼自身の経験則からきている。

「今の若いもんは、部落のことについて親からなんやかやと言われてへん限り部落差別することはないわ。部落やからいじめたろ、というのはないんとちゃうか。でも今の若いもんは自分の考えがないからな。自分の意志をもってなくて、周りが言うてるからその考えに従《したご》うてんのとちゃうか」

今の若いもんは……と嘆く十七歳も珍しいが、本人が差別意識をもっているかいないかにかかわらず、周囲に合わせる格好で差別するという指摘は的を射ている。当の川原は「わいは周りに惑わされることはないもん」と言い切る。短いながらも一緒に働き、話を聞いていると、彼だったら確かにそうやろな、と思えた。

食肉の世界に入って長くない川原だが、業界に対する世間の目に対して憤りを感じている。

「食肉の仕事は怖いと言われる。怖い言うんやったら食うな、と思うよな。いろんな過程を経て肉ができるんや。しばくぞ（殴るぞ）って感じやな。何も無理に食うてもらわんでもええ」

そう言った後、一瞬、間を置き、言葉を継いだ。

「できたら食べてほしいと思ってるけどな」

午後の捌き室は若手の職人がふたり加わり、たちまち活気づく。それぞれ独立して牛肉の仲買、配達を生業としているが、午後の二、三時間をパートタイマーとして枝肉を捌くのにあてている。このふたりが独身ときているから、既婚の捌き職人が加わり、もっぱら艶話《つやばなし》で盛り上がる。

「〇〇ちゃん、昨日、女と会《お》うとったんちゃうん？」

「なに言うとんどい、わいは嫁はん一筋やでよ」

「ほなきのうの晩、何しとったんよ？」

「どこ行こうがわいの勝手やでよ。わいがどれほど嫁はんを愛しとるか、お前らにはわからんやろのお」

「アホらしい。知りとうもないわ」

枝肉を捌きながら、大声を張り上げての軽妙なやりとりが続く。

私がこの街で取材を始めて一番驚いたのは言葉の違いだった。部落出身者ではないが食肉産業に携わる人々に話を聞くと、まずは言葉の話が出る。

「こっちの人は口が汚いよお。ケンカしとるように聞こえるからねえ」

「ここの人は中には、言葉遣いがあらい人もいますけど、ええ人多いですよ」

いい人ばかりではないと思うのだが、南町の食肉関係者は「口が汚い」ということは周知の事実である。私が生まれ育った部落とこの部落は距離にして十数キロしか離れていないのだが、部落産業がない我がムラと、何世紀も続いている地場産業をもつこのムラとでは、話す言葉がまるで違う。数回会っただけで、長年の知り合いのような気安さで話しかけられることが多々あった。もっとも弁の立つ人物がそのような気安さと威勢のいい言葉を使うのであって、すべての職人がそうであるとは限らない。しかし多弁な人が目立つのは確かである。

ムラ特有の言葉遣いは地元の若い職人にも受け継がれていて、人によってはTPOに応じて使い分けている。職人の中には「前はきれいな言葉を使いよったけど、カブトに来てから汚《きた》なってしもた」と言う者もいたが、真偽のほどはさだかではない。言葉は自然に伝わるものなのか、はたまた本人の努力の賜物《たまもの》か、社長の廣澤は少なくともムラの中では完璧にムラの言葉を操っていた。

パートタイムの捌き職人は、時にはカブト食品の商品を配達することもある。

ある日の午後、私は岡山のハムメーカーに出荷するトラックに乗せてもらった。運転手は、食肉の仕入れから配達までひとりで営みながら、カブト食品でパートタイマーとして枝肉を捌いている石田哲（二十五歳、仮名）である。長身で茶髪、いつ見てもジーンズにフードのついたトレーナーを着ている。

段ボール箱にして約三〇箱、牛二頭分の肉を載せた大型の保冷庫は今にも降り出しそうな曇天のもと、カブト食品を出発した。二車線の田舎道を抜け、高速道路に上がった。

「取材？　何もしゃべることないですよぉ」

そう言いながらも、私の質問にはきちんと答えてくれる。話してみると、人懐っこく話好きの男だった。

石田は南町で生まれた。根っからの勉強嫌いで中学校はほとんど登校しなかった。中学二年生から近所の精肉店でアルバイトを始めた。店では肉牛も飼育しており、エサやりから捌きまで、つまり牛の成長から食肉になるまでを体で覚えた。中学卒業後も引き続き勤務し、あわせて四年間、精肉店で働いた。高校へ進学しなかったのは勉強が嫌いだったことに加え、早く自立したかったからというのが大きな理由だった。ハンドルを握りながら当時を振り返る。

「とにかく親の世話にはなりたなかった。自分の欲しいもんは自分で買いたかった。それやったら手に職をつけた方がええと思った」

食肉関係の仕事は、誰に言われたわけでもなく自らが選んだ。身近に食肉産業があった、というのが選択の決め手だった。

精肉店を辞めたあと、食肉センターで働いていた父親に付いて一年間ほど皮剝《かわは》ぎをした。文字通り、屠畜した牛の皮をナイフで剝ぐ作業である。

「抵抗感なんか全然あらへん。それせな食われへんやん。俺、ええこと言うな」

運転席で胸を張り、おどけて見せた。

父親から食肉センターの職人の後継者不足は聞いていたし、皮剝ぎは食肉センターには不可欠の作業で食いっぱぐれはないと思った。ところが技術的なことをもっと教えてもらおうと思っていた矢先に父親が病死する。仕事においても人生においても頼りにしていただけに「しばらくは立ち直られへんかった」という。精神的な支柱と職人としての目標を失い、食肉センターを退職する。しばらく後に、知り合いの引きで再び精肉店に勤めた。四〇〇戸ほどの部落では、お互いに仕事の斡旋《あっせん》をすることは珍しくない。ところが新たに勤め始めた店で、再び大きな転機が訪れる。未曾有《みぞう》の大災害である阪神・淡路大震災が起き、神戸の得意先が被災し、仕事が途絶えてしまったのだ。

こうなったら自分で商売を始めるしかないと思った石田は、近郊の大手スーパーに牛肉の部分肉を卸す話をもち込んだ。商談が成立した段階で愛車を売り払うなどして資金をつくり、資本金一二〇万円の個人商店を設立した。といっても、事務所は自宅、商売道具はトラック一台で、地元や近郊の業者から仕入れた牛肉の各部位を、精肉店やステーキ店に卸し、自分で配達、集金する。何から何までひとりでおこなう、まさに個人商店である。徐々に取引先を増やし、現在では一〇ヵ所以上に卸している。

商売を始めて三年で趣味の車は「両手で足りないくらい」買い替えた。後日、内装が総革張りの四〇〇万円近くする新車の四輪駆動車に乗せてもらったが、ふかふかのシートに座ると、そのときだけ私はリッチな気分になれた。早くも新車購入を計画しており、その四駆車もすでに買い手がついているという。なんとも景気のいい話である。

「商売は楽しいよ。難しいとは思わへん」

真ん中から分けた茶髪を片手でかきあげながら言う。

「さあ、今日も張り切って値切りに行こか、という感じで買い付けに行く。自分の思てた値段で決まったときは面白い。言い値が高かったら値切る。『高いなあ。もっと安ならへんかなあ』とか言いながら。値切った分、プラスに変わる。その駆け引きが面白いな」

「儲かってしゃあないなあ」

私は嫉妬半分で言ってみた。

「でも取引先によっては納品して集金するまで七十五日待たなあかん。資金繰りが大変です」

やはり商売は楽しいだけではない。

仕入れ、配達などで得意先を回るが、いろんな人と話ができるのが楽しみだという。中学時代から働いているせいか礼儀正しく、なおかつ人懐っこい性格である。取引先でもかわいがられているだろうことは容易に想像できる。

「得意先に行っても、盛り上がる話はひとつだけ。女の話。これで二時間は話せるな」

独身である石田の最大の関心事は、目下のところ女性である。

高速道路を降り、岡山市内へ入ると小雨がパラつき出した。私たちのトラックは市中心部から少し離れた住宅街にある大手ハムメーカーの営業所に着いた。全体が冷蔵庫になった建物にトラックをつける。間もなく、スーツの上にメーカーのジャンパーを着た五十歳前後の社員らしき人物が、傘もささずに走ってきた。これから取引が始まるらしい。石田がサンプルとなる箱をあけ、メーカー社員が品定めをする。腕組みをしながら部分肉を見下ろしていた男が口を開いた。

「脂が黄色いな。もっとええやつないんか。もうひとつの、見せてみ」

肉は赤身だけでなく脂身と合わさって旨《うま》みを増す。日本では脂身は白いほど見栄えがいいとされているが、味は黄色い方が旨みがあるという。

石田が別の牛の部位を見せる。

「同じようなもんもってきてもしゃあないがな。違うのもってこな。お宅も変わった商売するなあ」

男は苦笑いし、値下げ交渉に入った。事前に廣澤と打ち合わせていた値と大幅に違うようで、石田が軒下でカブト食品に携帯電話で連絡をとる。廣澤に男の言い値を報告しているようだ。数分後、交渉が成立したようで、一〇個ほどの段ボール箱を降ろす。

少し軽くなった私たちのトラックは、再び高速道路を走る。私たちの話題は、石田の最大の関心事である女性の話がメインとなった。二十代半ばにして彼の女性との交遊経験はきわめて豊富である。私はついつい話に引き込まれ、部落問題の取材を忘れそうになる。一見、軟派に見える石田だが、恋愛イコール結婚という硬派なところもある。どうやらのめりこんでしまうタイプらしい。

「仕事も順調やし、もう一人前やな」と私が水を向けると「嫁はんもろて、食わして一人前」と古風なことを言う。

数年前、四年間付き合っていた女性と結婚寸前までいったことがあったという。ふたりで住む予定のマンションの契約も済ませた。ところが土壇場になって女性の親戚から反対の声が出た。仕事と出自だった。食肉産業の従事者の場合、部落差別に加えて職業差別が加わることがある。牛や豚などを屠畜することからくる「怖い」「かわいそう」といったイメージや感情が差別を倍加させる。現に、部落出身ではないが部落産業に就いている者が結婚差別に遭うケースがある。

結局ふたりは結ばれることはなかった。それ以後しばらく、石田は毎晩酒を飲まなくては眠れなくなったという。

「そのせいで一〇キロも太ってしもたがな」

笑いながら腹をさすった後、真顔に戻った。

「食肉関係の仕事があかんというねんやったら、俺は仕事を変えてもええと思てた。それぐらい惚れこんどった。彼女は『私は仕事のことは気にせえへん。ええ仕事やと思ってる』って言うてたけど、ほんまはどう思とったんか……」

地球が引っ繰り返ってもあんたとは一緒になることはない。彼女はそう言って去っていったが、石田の口振りから察すると、彼女の存在はいまだ彼の心の中から消えていないようだった。

トラックは高速を降り、あと十分もすればカブト食品に着きそうだった。フロントガラスを叩きつけるようにして降っていた雨は小降りになり、あたりはもう真っ暗だった。私は急いで聞いておきたいことを質問した。

「そんなことがあって、その後、部落が気になる?」

「それはない。付き合った女にはきちんと言うよ。うちは家付き、ババ（母親）付き、仕事付きやと」

蛇足ながら付け加えると、「仕事付き」という言葉には「部落」が暗示されている。

「ふだん部落を意識することはある？」

「全然ないね。そんなことを言われることもないし。自分の生き方ができればええ。気にすることやないもん。そういうふうに見る奴がアホやねん。これでいいかな？」

帰社するまでの短い時間、運転席の石田は何人もの女友達に携帯電話で連絡をとっていた。

「元気？　俺はいま仕事終わって帰るとこ。今何してんの？」

対向車のライトに照らされた石田の顔が笑っていた。

食肉産業に携わる人々は、かつてはその多くが部落住民・出身者だった。私たちが口にする肉は、屠畜・加工・販売などで部落の存在を抜きにしては語れない。

カブト食品の廣澤を紹介してくれた福本は、中学を卒業し溶接工場に勤めた後、家業を継ぐ形で十九歳から三十年余りをこの世界で生きてきたが、以前は食肉の仕事に劣等感があったという。

「高校のころまではね、そんな仕事に就くのは絶対いややなと思てましたね。やっぱりね、部落外の人がいやがるのはわからんことないねん。血が出て、牛の糞がついて、どろどろしたとこで仕事すんのんいややと。この仕事に就いたころ、神戸へ配達に行くときに肉は別の人がトラックで運ぶけど、わしは電車で行かなあかん。神戸で枝肉をトラックから降ろして作業が終わった後、顔と手だけ洗《あろ》て、服もズボンも血でドロドロなったまま長靴履いて電車に乗って帰ってきよった。あのときは恥ずかしかったなあ。今やったら『食肉センターがあるから動物性蛋白質《たんぱくしつ》が取れるねんで』『スーパーできれいに肉並べてるけど、こういう過程を経て肉が食べれんねんで』、と言えるけどな」

福本にとって食肉産業は、かつてはできることなら避けたい職業であった。だが、その部落産業が変わりつつある。

「ここ十年前後で一般地区（部落外）の人が出入りするようになりましたな。これはわし、喜んでるねん。センター内におって、この人はムラの人と違うなと感じるときがある。そんなとき、わし聞くねん。『お宅さん、どっから来よってんねんな？』。もっとはっきり聞くときもあるわな。『お宅は部落の人ですか？』。相手は『いえ、違います』。わしが『こんな仕事せんでも……』て言うたら『いや、これがわしの仕事ですねん』。『そうか、これからも頼むで』。そんな会話をすることもある」

部落外の人々が部落産業に就くことに対する福本の過剰ともいえるほどの好意的な感情は、業界に新しい風が入ることへの積極的な評価と、食肉＝部落と見られてきたことへのコンプレックスを表しているといえよう。

福本の会社には社員、アルバイトを合わせて六人いるが、その中で部落外から来ているのはひとりだけである。福本家では代々、食肉関係の仕事を続けてきたが、部落外から働きに来たのは初めてだという。

「いまの子は抵抗感ないんと違うかな。まあ、それが当たり前であってくれればええんやけどな」

新しい動きが一度きりでないことを福本は願う。

競りに参加している業者のうち、約三割が部落外ではないかと福本は見ている。ハムメーカーやスーパーなどで食肉関係の仕事に就いていたものが独立するケースが多いという。例えば福本と同い年のある業者は、草野球仲間に肉屋の経営者がいたことがきっかけで、この世界に入った。

「その人とたまに同和の話が出るんや。『お前らは、わしらの仕事を食い物《もん》にして』とわしが言うたら相手は『お前らこそ、同和や同和やいうて道や施設つくったりしとるがな。逆差別やで』と言い返してきよる。そういう話を得意先でできるようになってきた。なんせこれまでそういう話ができる状態とちゃうかった。差別はあかんと言われて頭から押さえつけられて、同和問題についてはあたらずさわらず、というのがこれまでやったからな」

たとえ部落の批判であっても、お互いが臆することなく思っていることを言い合えるのが嬉しいという。徐々にではあるが対話の扉が開きつつあることを福本は実感している。

部落出身者でない者が自ら事業を興し、地元ではトップ企業にまでのし上がった例は、少なくとも志方ではカブト食品が初めてだった。食肉産業とはまったく関係のない地域に生まれた廣澤が、どのような経緯で部落産業に就くようになったのだろうか。

廣澤は、一九四八年（昭和二十三年）大阪府堺市に生まれ、兵庫県で育った。小学校時代、教師は転校生が来ると必ず廣澤の横に座らせたというから、子供のころから世話好きだったようだ。五〇年代の終わりに大手商社に勤めていた父親の転勤に付いて、小学三年から中学一年までの四年間をアメリカ・ニューヨークで過ごした。転校した小学校では日本人はひとりだけだったが、数ヵ月後には英語でケンカをするまでになっていた。

どんな環境にも適応できる性格らしく、アメリカに馴染むのも早かったが、帰国して日本文化に熱中するのも早かった。人気絶頂期にあった舟木一夫のファンになり、高校時代に見た舟木主演の映画『高原のお嬢さん』がその後の人生に大きく影響を与える。映画は高原で牧草の研究にいそしむ男女のラブ・ロマンスで、雪の下から牧草が芽を出すシーンが廣澤の心をとらえた。いずれは自分も牧場を経営し、牧草の研究・改良に取り組みたい、と夢を膨らませた。

高校を卒業後、北海道の酪農学園大学に進学するが、入学して間もなく早くも夢を諦めざるを得なくなった。初めて体験した牧草刈りの実習で花粉症にかかったのだ。牧場経営者が花粉症では仕事にならない。挫折の代償として今度はラグビーに打ち込んだ。四年生のときにはキャプテンも務め、大学生活の大半は、楕円のボールを追いかけることに費やした。

就職活動では酪農製品を扱う二社を受験し、先に合格通知が届いた大手ハムメーカーに七三年（昭和四十八年）に入社する。海外に住んでいた経歴を買われて輸入肉を担当した後、枝肉の仕入れ・販売をおこなう部署に異動になった。廣澤はそれまで日本に部落問題が存在することを知らなかった。枝肉を担当するようになって初めて部落に足を踏み入れた。食肉センターで牛が屠《ほふ》られる現場を初めて見た日のことを今でも鮮明に覚えている。作業場に足を踏み入れると牛の脂と内臓が醸《かも》し出す独特のにおいがした。職人の手により、自分の体よりもはるかに大きな牛が倒され、大量の血が視界に広がった。

「初めて見たときは違和感はあったわな。そのあと食堂でホルモンを食べたけど、それを見てるから飲み込むようにして食べた覚えがある。社員の中には貧血で倒れる奴もおったからな」

その後、食肉の専門家となる廣澤にして、最初に見た現場はそれなりにショックだった。

廣澤が枝肉部門に移ったころから、日本の牛肉消費量は飛躍的に伸びることになる。六

○年（昭和三十五年）には一年間のひとり当たりの消費量は一・一キロだったが、七〇年（昭和四十五年）にはほぼ倍の二・一キロ、八〇年（昭和五十五年）には三・五キロ、九〇年（平成二年）には六・一キロと消費は拡大した。折しも大型スーパーが各地に開店し、外食産業も成長を始めていた。牛肉に需要があることを見込んだ各大手ハムメーカーは食肉業界に参入する。食肉センターで買い付けた枝肉を、スーパーや各店舗に卸すわけである。それまでは牛一頭分をセットで売買するのが業界の常識だったが、すき焼きならクラ下（首から背中にかけた部分）、ビフテキならロース（背中の部分）という具合に部分肉で取引されるようになる。廣澤が所属していたハムメーカーでは、枝肉担当は最初はふたりだったが、十年後には九人になった。年を経るごとに枝肉・部分肉の売り上げは飛躍的に伸びていった。

サラリーマンとして猛然と働き「一番おもしろい時期」を経験したが、社歴を積むほど自分を試したいという気持ちがむくむくと起きてきた。自分の生活が安定してしまうと刺激がなくなった。入社八年後に下した結論が退社だった。三十二歳の廣澤は、再出発に向けて始動する。

退社後、大手の食肉関連会社からの誘いもあったが、再びサラリーマンに戻る気はなかった。一年間、失業保険をもらいながら大阪市西成区津守《つもり》にある食肉センター（後に南港に移転）に通った。センター内にある荷受け会社に出入りしながらビジネスチャンスを待った。センターでは屠畜される前の牛を洗ったり、競り場で競りの手伝いなどに精を出した。有名企業の社員から一転して何でもこなす無給社員になったが、苦ではなかった。

一年後には、知り合いからトラックを借り、津守で仕入れた肉を、ハムメーカー時代に付き合いがあった業者に卸し始めた。当初は大阪で商売を広げるつもりだったが、大阪は何もかも規模が大きく、廣澤には入り込む余地がないように思えた。考えあぐねていたところ、現在会社がある南町の知り合いから「それやったらうちに来《き》いひんか」と声を掛けられる。南町の食肉センターはハムメーカーに勤めていたころから知っていて、規模も大阪のように大きくはない。さっそく個人商店を設立した。社名は自宅がある兵庫県西宮市に位置する甲山《かぶとやま》の名と、食肉だけでなく、いずれは幅広く食品を扱いたいという夢を合わせてカブト食品とした。南町の食肉センターのすぐ前にある七〇平方メートルほどの空き工場を借りて枝肉を捌き、さらに神戸で焼き肉屋の加工場を間借りして加工を始めた。

カブト食品の取引は、昔も今も大手ハムメーカーがそのほとんどを占めている。とりわけ廣澤が社員だった会社との関係が深く、独立しても取引先として関係をつないでいたことが好スタートを切る原動力となった。数年後には、大手の食品会社が製造販売するレトルトのビーフシチュー、カレー、佃煮の中に入れる肉を受注することになり、ふたつの工場はフル回転する。部分肉は用途に合わせて適当な大きさに切るのだが、一週間に二トンの肉を納品しなければならず、廣澤自らが三日三晩徹夜して間に合わせたこともあった。

社員、パートを合わせて一五人ほどの会社だが、一ヵ月の売り上げが四〇〇〇万円を超えることもあった。事業の拡大を機に、個人商店を株式会社に変えた。

独立して十三年目の九四年（平成六年）には、食肉センターから数百メートル離れた約二〇〇〇平方メートルの敷地に新工場を建設する。私が働かせてもらった工場である。ところが操業が始まるまでに一波乱があった。もともと農地を買い上げて工場をつくったのだが、建物が完成してから県と市の待ったがかかった。農地には農業用倉庫などが建てられるだけで営利目的の施設は認められていない。一時は取り壊す話まで出た。そこに救いの手を差し伸べたのが地元の食肉組合だった。部落内には工場を建てる敷地がないので致し方がない、新工場は地元の雇用の促進にもつながるとして行政と話し合いを重ね、一年近く遅れて操業はスタートした。地元業者のひとりはいう。

「地元の人間やったらあんなことせえへんな。無茶しとるわ。まあ、地元の業者との関係ができとったからわしらも応援したけどな」

地元の食肉業界にがっちり食い込んでいた廣澤ならではのエピソードである。

三十代前半から始めた廣澤の会社は、今では年間売り上げ一〇億円を超え、地元を代表する会社に成長した。

廣澤にしてみれば、枝肉担当のハムメーカー社員から食肉加工会社経営へという転身は自然な流れだった。だが、食肉産業は部落を核にして何百年と続いてきた地場産業であり、しかも世間には「怖い」というイメージで見られてきた世界である。そこに参入する際、抵抗感はなかったのだろうか。

「だいたい俺なんか、地球の裏側のブラジルまで移民した者《もん》に比べたら知れたもんや。俺に言わせたら、ブラジルに移民した方が重圧が大きかったんちゃうかと思うで」

その通りなのかもしれないが、地球の裏側から部落問題を考えるところに廣澤の個性が現れている。部落問題の話になると廣澤は、必ずといっていいほど地球規模で話を始める。例えばアメリカ大陸とアフリカ大陸は最初はひっついていた、そこから見ると人種問題や民族問題などはなかったはずである、といった具合だ。

廣澤には抵抗感はなかったとしても、新参者として、地元からの反感や反発はなかったのか。

「誰か変わった者《もん》が入ってくると、敬遠する者もおる。それはどこの業界でも一緒や。よそから来た、しかも同和と違うということで反発する者はおらんことない。それを具体的に言えと言われても、すぐ忘れてしまうから記憶にないわけや。新しく入ってきた者に反発があるのは当たり前やと思てるから、さほど何も感じひん。それを俺が意識するかせえへんかやけど、家族を養わなあかんと思うとそんな問題はすぼんでまうがな」

あたかも他人《ひと》事《ごと》のように、いたってあっさりと語る。廣澤にとって、部落云々《うんぬん》よりも、家族を養うということの方がより大きな問題だった。

部落出身者ではない新参者が業績を伸ばすとやっかみも出る。ところが廣澤は、出る杭が打たれるなら、早く打たれるぐらいの大きな会社にしてやろうと思っていたという。飄々《ひょうひょう》としていながら商魂はたくましい。

南町の食肉関係者との付き合いもかれこれ二十年近くになり、いまでは地元の人間に見間違えられる廣澤だが、いまだに慣れないところもあるという。

「ムラの人間は人前でけなす方がえらいと思とる。でもふたりだけになるとごっつい（すごく）しんみり話する。ああいうところはどうかな。その人間を非難したいんであればふたりでおるときにしたらええ。周りに人がおるときに言うのは追い落とすような感じやわな」

ムラには親密になればなるほど相手をけなす文化がある。ときには土足でプライベートな領域に入ってくることがある。よくいえば開放的で明け透け、悪くいえばデリカシーに欠ける。〝よそ者〟で成功した廣澤は、寄ると触ると話のネタ、もっといえば標的になりやすい。

同じ人物が大勢の中にいるときと、ふたりきりになったときとでギャップがあるのは何も部落に限った話ではない。だが部落の場合、その振幅が大きい、ということは言えるだろう。

その振幅は私自身が経験したことでもあった。ある職人は、みんなのいる場では「部落、部落いうから差別は残るんや」と言い、取材には協力せえへんでという意志を見せた。ところが何回も通い、時機を見てふたりで話をしてみると、仕事のことや自分のことを語り、人前にいるときとはまったく反対の、温かい人柄をのぞかせたりする。けなす文化に慣れないと、部落を誤解することになりかねない。

部落とのかかわりが深い廣澤だが、同じ屋根の下で働く社員が抱える悩みに耳を傾けることもある。やはり結婚の問題である。

十数年前、ある男性従業員が部落外の女性と恋愛し、例によって女性側の親戚が大反対した。従業員に相談された廣澤は仲立ちする格好でその親に二度会った。相手側は廣澤が部落出身者でないことを聞いて会う気になったようで、あなたなら反対する理由がわかるでしょう、という口ぶりで意見を求めてきた。廣澤は思っていることを言った。

「自分の子供が結婚するとしたら相手に百パーセント満足いくはずないから、もろ手を挙げて賛成だとは言いません。だけど部落の人間だからという理由では反対しませんよ。私はこの世界で食わしてもらって、差別はおかしいと思てますから、そんな私が反対してどないするんですか」

母親は困り果てた表情で「私の力ではどうにもならんのです」と繰り返すばかりだったという。親戚や一族などという発想がない廣澤は、そのときのやりとりを思い出したのか、腹立たしげに語った。

「だいたい親戚が何をしてくれんねん。一生面倒見てくれるんか？　先に死ぬんは彼女やなくて親戚の方なんやからな。ほんまに親戚ちゅうのは、日本の部落問題にとって大きなマイナスやで」

廣澤は部落産業に従事しているが、部落というフィルターを通して人や仕事、地元を見ることはないという。だが、まったく意識しないわけではない。

「俺は差別はおかしいということはわかっとるわけやんか。ふだん部落に接しとる俺が手本にならなあかんという意識はどっかにある。俺が差別するんやったら、差別せえへん奴がほかに誰がおんねんと。端的に言って、俺みたいな人間が増えないかんと思うで」

食肉を通して部落と長年接してきた男ならではの言葉だった。

捌き室での体験労働の後、加工場に移った。コンクリートで囲まれた二〇畳くらいの広さの部屋には、中央に大きなテーブルがふたつ、壁際には計量機や真空パックの機械が据え置かれている。

作業日の第一日。朝八時から牛のヒレ肉（背骨の内側の肉）の筋引きをする。白い脂や筋を包丁で取り除く作業である。脂肪はめくるように取らなければならないのだが、初めての私は脂肪だけでなくヒレ肉まで削り取ってしまう。うまくめくれた後の肉は薄皮が残っているのだが、私が筋取りをすると包丁が薄皮を突き破り、ところどころに赤身の肉が顔をのぞかせてしまう。見栄えは最悪の上、時間もおばちゃんたちの倍以上はかかっている。力を入れ過ぎるのか、一時間も経たないうちに、手が包丁をもったままの形で凍ったように固まってしまった。おばちゃんたちは黙々と目の前にある肉を片付けていく。

午後はカレー用の肉をカットする作業である。三、四キロの肉の塊をサイコロ状の一口大に切り分けていく。見よう見真似で切るが、どうしても大きく切り過ぎてしまう。

「こんな大きいの食べたら、喉つまってまうがい」

見かねた職人が、異様に大きい私の〝作品〟を見て、小さくする作業を手伝ってくれる。

目の前に小山のように積まれたカレー肉は、切っても切ってもなかなか減らない。視覚的にも嗅覚的にも肉が迫ってくるような感じで、肉が大好物の私も、さすがに当分肉は結構です、という気分である。

三時の休憩時間中、加工場を担当する前田誠一（三十九歳）が、焼き肉屋のバイキング用の輸入肉を機械でカットし始めた。箱詰めされていた四角い冷凍肉が、つぎつぎと切断されていく。見習いの私にも、一キロ八〇〇円の冷凍肉の質は一目瞭然である。こんな肉を私はうまいうまいといってありがたがっていたわけである。黒ずんだ肉を見ながら、今後は絶対に焼き肉バイキングには行くまいと心に誓う。

「加工賃はしれてますから、量をこなしてなんぼなんです」

前田が作業の合間に説明してくれる。休憩で人がはけた加工場に、スライサーの鋭い音が響く。

加工場は午後四時ごろからぐんと人が減る。家事があるため、パートのおばちゃんたちが次々と帰っていくからである。入れ代わりに学校を終えたアルバイトの男子高校生数人が加わるが、少人数であることに変わりはない。午後四時半。いまだ山盛りのテーブルの肉を見て、パートでは最後になったおばちゃんが大声で叫んだ。

「川原は何しとんの！　帰ったん？　事務所おるん？」

こんな場合、最年少従業員が標的になる。

「あした会《お》うたらしばきまわしたる」

職人の鼻息も荒い。

五時過ぎ、山盛りだったカレー肉は、プラスティック製の俎《まないた》が見えるくらいに減った。切り落とした肉をビニール袋に詰め、床に落ちた脂をモップとホースの水で洗い流し、六時ごろにようやく作業は終了した。

一日中、前かがみになり包丁をあやつっていると大きな荷物を背負い込んだように腰が重い。長靴をぬぐとき、私の膝は笑っていた。

加工場に一番早く出勤し、一番遅く退出するのが、カブト食品の最年長従業員、吉田基雄（五十八歳、仮名）である。

「早く作業してもらおう思ってへんから、ゆっくりしたらええで」

そう言いながらドジな職人見習いを指導してくれたのがこの人である。小柄で細身。映画に出演するなら老舗の和菓子屋の旦那といった役柄がぴったりの雰囲気を醸し出している。社員、パート、アルバイト総勢三〇人が揃った新年会に、ひとりだけネクタイをしめてくる律義なところもある。

社歴は四年と長くはないが、包丁を握って四十年近くになる。地元の高校を卒業後、中規模の商事会社に入り、倉庫管理や営業などを続けながらアルバイトで親戚の肉屋を手伝っていた。最初は伝票整理をしていたが、そのうち筋引き、捌きも手伝うようになる。二年後に商社を退社し、さらに別の親戚の肉屋にも勤め、七六年（昭和五十一年）、三十六歳で精肉店を開業する。

「肉の仕事を始めたんは親戚がやってたからで、最初の会社にずっとおったら普通のサラリーマンになってたやろな」

食肉との出会いをそう説明する。

店は駅前という立地もあって五年ほどは好調だったが、そのうち近郊に大型スーパーが開店し、売り上げは先細りする一方だった。その大型スーパーに枝肉を卸していたひとりが、大手ハムメーカーに勤めていた廣澤である。その後、吉田はかつての〝商売敵《しょうばいがたき》〟のもとで働くようになるのだから、人生は何があるかわからない。開店して約二十年後、店が入っていた市場全体が火事で全焼し、店舗を閉鎖せざるを得なくなった。吉田は廃業を決意する。将来どうするかを考えていたところ、取引先だった業者がカブト食品を紹介してくれ、試みに三ヵ月だけ働いてみることにした。自分が新しい職場で役立つのか、会社と自分の相性が果たして合うのか不安だった。自ら願い出て試用社員にしてもらい、実際に働いてみて自分に合った職場であることがすぐにわかった。

「今は毎日が楽しい。会社は雰囲気がええねや。普通、会社やったら人を蹴落としてでもというのがあるけど、ここは何かあったら助けていこか、というのがある。体と会社の続く限り、ここで働きたいと思てる。ここに来て忙しいときは包丁のもち過ぎで腱鞘炎《けんしょうえん》になったこともある。社長も酒飲んでる暇あったら、もっと仕事とってこなあかんわ。とってきたらなんぼでも捌いたるで」

定年退職後どう過ごすかを思い悩む同級生を尻目に、職人の労働意欲は衰えることを知らない。実際、口だけではなく実によく働き、加工場のリーダーとしてパートのおばちゃんたちを引っ張っている。

長年肉を捌いてきたが、吉田は食肉職人という職業が特別な存在であると考えたことがない。

「漁師やろうがこの仕事やろうが、お金もらって人のためになっとる。鉄工所や百姓と一緒で、ひとつの職業や。誇りもないし、かといって卑下もしない。サラリーマン辞めて職人になったのも後悔してないしな」

胸を張るのでもなく、卑屈になるのでもない。実に淡々としている。

食肉産業の従事者といえば、世間ではプラスイメージで見られることはない。例えば伊丹十三監督の映画『スーパーの女』では、スーパーの肉を横流ししてたんまり儲けようとする悪役の肉屋が出てくる。追いつめられると包丁を振り回して暴れまくり、最後には悪事があばかれてしまうという単純なストーリーだ。私は差別的表現をあげつらう趣味はないが、それにしてもこの肉屋は世間の「食肉業者は怖い」というイメージを露骨に映し出している。だが、私は実際に働き、話を聞いたから言えるが、職人たちは凶暴でもないし、陰険でもない。

食肉センターのある街に生まれ、そこから運ばれてくる肉に毎日のように触れながら、吉田はその食肉センターの中を一度も見たことがないという。

「あの近くは行っきよるけど、怖いいうのと、かわいそういうのとで見たことないんや。見たら肉の仕事できんようになってまうのちゃうかな。テレビ番組で、豹が兎くわえたり虎が鹿くわえたりしてるのを見たらチャンネル変えてまうんや……」

仕事から帰ると何を差し置いても真っ先に飼い犬二匹を散歩に連れていく動物好きの吉

田は、正直にそう述べるのだった。食肉センターは自宅から目と鼻の先にあるが、彼にとってはある意味で遠い存在である。食肉産業にもいろんな感性を持つ人が働いている。

加工場にはパートタイマーが部落と部落外の双方から通ってきているが、吉田は仕事をする上で部落出身を意識することはないという。

「カブト食品は部落にわざわざ入り込んできたから異色の存在やろな。そやからムラの人が半分、世間（部落外）の人が半分。ほんまはこれが当たり前なんやけどな。でも、今まではでは頼んでも入ってきてくれなんだ。こっちも心開き、向こうも心開き、われわれ部落民も向上しようということや」

かつて地元の人間の中には、差別を受けてきた歴史と経験から、すぐに人にくってかかったり、人を憎しみの対象としてしか見ることができない人もいたという。しかし、いつまでも卑屈になっていては進歩がない。部落の側が努力をし、人間性を高めていけば部落外の部落を見る目は変わるはずだ、というのが吉田の持論である。

「井の中の蛙《かわず》だと成長ないやんか。自分たちも勉強したらええねん。学校に行くのは学力つけたり就職したりするためだけやない。広ーい付き合いしてぶつかっていったらええ。部落出身やからといって隠すこともない。差別する人間は下に見たったらええねん。できれば追い越していったらええ。それで人を思いやったる人間になったらええねん。なれるよ、次の世代には」

ベテラン職人は、確信に満ちた表情でそう語った。

加工場で働く男性の中に森田真澄（四十二歳）がいる。カブト食品ではパートタイマーとして主に配達を担当している。

「本読むためにアルバイトしてるようなもんや」

と自らが言うように、本の虫である。昼休みにもひとり食堂で活字を追う姿を何度も見かけた。雑誌を含め月三〇冊は読むという。ジャンルは問わず、部落問題の知識も半端ではなかった。本の虫は虫好きでもあり、月刊『むし』の定期購読者である。

森田は南町からさほど遠くない場所で生まれた。山が好きで、高校卒業後は趣味と実益を兼ねて測量の仕事に就いたが腰を痛めて辞職した。さらに山中でのキノコの栽培、ペット用の犬の飼育業を経て現在に至る。職探しはすべて新聞広告である。配達がないときは、おばちゃんたちにまじって加工場で作業をおこなう。

「包丁はここに来るまでもったことない。神経使うんや。寒《さぶ》いし、細かい作業やろ。筋とかもち上げるから肩が凝るんや」

筋引きを経験した私は同志を得た思いだった。

森田の部落問題に対する捉え方は、冷静かつ論理的である。

「部落問題は迷信。だからそんなもんに囚《とら》われるほど馬鹿やない。だって差別する根拠があらへんもん。部落の起源は中世の穢れ意識からもきてるやろ。身分制度は穢れと関係が深くて、制度がなくなっても穢れ意識は残った。だから部落差別も残ってる。オレ？　オレは差別する意識ないなあ。別にどないも思わへん。世間一般がもつ意識に対して嘘やないかと思ってる。世間とは逆の発想やから」

世間の常識を疑ってみる、あるいは逆らってみる。こういう人がいるから世の中はおもしろい。ではなぜ、そのように考えるようになったのかという私の質問に、森田は小学校時代にクラスで部落問題について熱心に話し合いをした経験があることをまず挙げた。森田の場合、小学校での授業がプラスに作用したようである。

同じ加工場で働く従業員の前田も森田と同じように、冷静である。カブト食品に来る前は二軒の飲食店で料理人として働いていたが、二軒目は経営者が部落出身者で、しかも店は部落の中にあった。そんな環境でも部落を意識することさえなかったという。

「世間では部落は口が悪くて、なんかあったらすぐに電話して仲間を呼ぶと言われたりするけど、別に同和の人やなくてもそういう人はおる。部落の人やからどうのこうのというのは感じたことない。もしもそんなこと思とるんやったら、前にいた店もカブト食品も勤めてないですからね」

世間の常識を疑うという意味では、前田と森田の考え方は近い。ところが常識に懐疑的であっても部落差別は身近にある。例えば森田の場合。

「親戚で部落の人と結婚の話が出たけどつぶれてしもたし、以前、アルバイトを一日で辞めた男が『こういう仕事は嫌う人、おるやろなあ』と言うとった。うちの親なんか、食肉工場にアルバイトに行ってる言うたら『エタの仕事や』と言いよった。今は何も言えへんけど、心の中ではええ顔してないんちゃうかな」

部落産業で働くと、世間が部落をどう見ているかが垣間見えることがあるという。だが、職場では部落問題が話題になることはない。

「誰が部落の人か、だいたいわかるけど、わざわざ聞けへん。どうでもええことやし、出身の人で気にしとる人がおるかもしれへん。そういう話をしたら気まずくなる。まあ部落問題は表面的にはなかなか現れてこない。氷山の下にあるようなもんかもしれんな」

話題には出ないが、なんとはなしに気まずくなる、という感覚は、部落問題というテーマでこの工場を取材していた私もまったく同感だった。顕在化していない、話したがらない問題をわざわざ聞くのは「招かれざる客」である私にとっても気まずさを伴う作業だった。部落問題がタブーであるのは、部落外だけではない。

加工場のパートタイマーの最年少は、地元の南町から通う宮田道代（二十八歳、仮名）である。寒がりなのか仕事中はいつも赤いマフラーをしていた。結婚でいったん地元を出たが二年前に離婚し、故郷に帰ってきた。六歳と五歳の子供を抱えるシングルマザーである。

仕事中に時間を割《さ》いてもらい、会社の食堂でインタビューした。勤めだして半年が経つが、部位の名称がいまだ覚えられないという。

「親戚は肉屋やってるけど、父は普通の会社員です。だからロース、腕（前肢）、内平《ウチヒラ》（腿の一部分）とか言われても似てるからいちいち聞かないとわからないんですよ」

再び同志を得て、私は少し嬉しくなった。

宮田の母親は、以前に食肉センターでミノ（牛の第一の胃）を洗う仕事をしていた。匂いがきつい上、エアコンもない作業場での水を使う労働は、とりわけ冬はきつく、母親はよく仕事の厳しさを娘にこぼしていた。それだけに、まさか自分が食肉関係の仕事に就くとは思いもしなかった。家で料理を作ることはあるが、仕事で包丁をもつことがなかったので、慣れるまでには何度も包丁で指を切った。カブト食品で働くことになったのは「働かないと食べていけないから」だという。勤務の条件は、子供が熱を出してもすぐに帰ることができる距離に職場があることだった。職場には地元の知り合いも多く、そういう面では働きやすい環境だという。同じ部落出身という安心感があるから？　と聞くと、別にそういうことは考えたことがないという。近所の人に職場でも仲良くさせてもらっている、という以上の意味はないようだ。

この仕事の魅力は、良質の肉が安く手に入ることだという。

「ここは新鮮ないい肉を安くもって帰れるんですよ。子供たちにも『豪華やろ。こんなんよその家では滅多に食べられへんよ』って言うてる。返品で返ってくる肉でも十分食べられるからスーパーで買うこともない。だからここで働き出してから肉料理が増えました」

「もう辞められませんねえ」

私が問うと、

「肉に飽きたらどうなるかなあ」

と言って笑った。

宮田は最年長従業員の吉田と同じように、これまで部落の中にある食肉センターの中に入って牛を屠る場面を見たことがない。食肉に関係する仕事に就いてもなお、である。中学時代の同級生の父親が食肉センターで働いていたので、どのように牛を捌くかについては聞いたことがあるだけだ。とはいえ、半身になった枝肉や、反物《たんもの》のように巻かれた牛の皮を積んで走るトラックは、子供のころから見慣れた風景だった。離婚して故郷に帰り、再びその風景を目にしたとき「ああ、懐かしいな」と思ったという。彼女にとって久しぶりに見る食肉の街の風景は、旧友に再会したときのような安堵感を呼び起こしたのだった。

宮田の祖父、父親はともに車が好きで、小さなころから助手席に乗り、どこにでもついていった。その影響か宮田の趣味も車の運転だ。ふだんはワゴン車に乗っているが、大きなトラックで配達に回るのが彼女の夢である。

「この前、初めて枝肉を運びにトラックで食肉センターに行ったけど、わくわくしたんですよ」

満面に笑みを浮かべてそう話した後、宮田は再び加工場に戻って行った。

一週間余りの私の体験労働は終わった。取材を含めると半月ほどカブト食品に通った。工場での労働は肉体的疲労もさることながら、職場では語られることがない部落問題をテーマにした取材で、精神的疲労の方が大きかった。だが、「部落問題？　はいはい、何でも言いますよ」と差別の厳しさを流暢《りゅうちょう》に語る、お膳立てされた取材では知ることのできない、もうひとつの部落の姿を見ることはできた。私の見た限り、職業差別や部落差別と闘う頑張る部落民もいなかったし、食肉産業にことさら誇りをもつ職人もいなかった。趣味に興じ、家族を思いやる、その面では部落外と何ら変わらない人たちがいた。彼らは食肉産業の歴史や部落産業を意識しながら働いているわけではない。工場では部落の人も、そして部落外の人も、部落にこだわりをもっている人は、私の知る限りほとんどいなかった。こだわらないことにこだわっているようにさえ思えた。

最終日の体験労働を終えた私は、何かから解放されたような気分だった。その何かとは、いまさら何をそんなこと聞きにきてるんや、という職人たちの視線であったように思う。部落で育まれた食肉産業は、徐々に部落や部落問題から離れつつあるのかもしれない。それが短いながらも食肉工場で働いた私の実感だった。

一年余り後の一九九九年（平成十一年）三月。私は再び、南町に戻ってきた。一年の歳月は、食肉の街を変えていた。

食肉センターでおこなわれている競りは一年前は週に二回だったが、コストの削減で現在は週一回になっていた。運搬費用の経費削減を狙った生産地での屠畜が増えたことなどから、センターでの処理頭数は徐々に減少している。

O《オー》－157事件の発生以来、全国の食肉センターや食肉加工場では、施設の近代化が課題となっている。厚生省の指導により二〇〇〇年四月からは、屠畜、加工から枝肉の運搬に至るまで徹底した除菌措置が求められている。廣澤の友人で地元で食肉仲買・加工業を営む福本がため息まじりに語る。

「衛生管理がだんだん厳しなってきて、金がかかるようになってきてる。とても会社単位でできることやない。いま各工場を一ヵ所に集める話を組合の中でしとるとこや」

南町では、夫婦や家族だけで食肉加工をおこなう業者が多い。それらの業者が、今後どう生き残っていくか、何百年と続いた食肉産業が変革のときを迎えている。

カブト食品の作業風景は一年前と同じで、巨大な枝肉は手際よく捌かれ、おばちゃんたちは筋引きに余念がなかった。が、何人かは職場を去っていた。捌き室の川原は、私が取材した三ヵ月後に退職していた。

「この会社やったら自分もいつか大きくなれるような気がする」

そう語り、営業に意欲を燃やしていた彼に何があったのか。

「結局、給料とちゃうか。知り合いの鉄工所で働いてるらしいというのは聞いたことあるで」

廣澤はそう説明するのだが、詳しいことはわからないようだった。手取り十数万円の給料は、その倍以上を稼いでいた彼にとって満足のいく報酬ではなかったかもしれない。だが、それも承知した上での食肉業界への転職ではなかったのか。携帯電話に連絡をとってみたが「この番号は使われておりません」という声が聞こえるだけ。アパートにも行ってみたが、郵便物は半年分ほど溜まり、電気、ガスを止める通知がドアのノブにかけられていた。たぶん新しい職場でバリバリ働いているのだろうが、てきぱきとした働きぶりを思い出し、私はなんだか惜しいような気がした。

大きなトラックでの配達を夢見ていたシングルマザーの宮田の姿も見えなかった。この職場はおいしい肉が食べられると笑っていたのに、もう肉に飽きてしまったのだろうか。岡山への配送に同行させてもらった石田は、本業の仕入れ、配達が忙しいらしく、カブト食品には来ていないとのことだった。携帯電話に連絡してみると、夜中にもかかわらずまだ得意先にいるとかで、元気そうな声で「彼女探して」と懇願された。いまだ嫁さん募集中である。

去る者がいれば来る者もいる。捌き室では十六歳の金髪少年が川原の代わりを務め、もうひとりの金髪が指に絆創膏《ばんそうこう》を貼り、慣れない手つきで包丁を握っていた。加工場には知的障害者がひとり入り、段ボール箱を組み立てていた。三浦が在籍した養護学校の後輩だという。つくり終えると「段ボール箱、つくりました。ありがとうございました!」と大きな声で作業終了を伝えていた。

私の同級生の蓬莱は、養護学校から他市の高校に転勤したが、卒業生が気になるらしく、時折カブト食品に顔を見せるという。サラリーマン教師が多い中、いまどき珍しい男である。

廣澤は相変わらず忙しそうだった。彼をつかまえるのには、いきつけのスナックに行くのが一番早い。午後六時ごろ、扉を開けると地元業者と一緒に、すでに赤い顔をした廣澤がいた。社長の機嫌はよかった。数日前に行われた競りでは、地域振興券の発行と花見前という絶好のタイミングでほとんどの商品がはけたという。今後の計画を聞くと、駅前に自社で扱う牛肉を使ったハンバーガーショップを計画中だという。「また借金が増えますなあ」という私の言葉に、いつものエコーを吸いながら廣澤が言った。

「俺はなあ、借金があってもすぐ忘れてしまうんや」

一年前、私が働きながら取材していたときは、社内の金銭トラブルで「いま取材どころとちゃうんや。倒産するかもしれんのや」と心ここにあらずといった表情で語っていたのだが、立ち直ったのだろうか。

「俺に取り柄《え》があるとすれば、切り替えが早いことや。どんなことがあっても悩まへん。いや、悩むねんけれど、深くは悩まへん。そうでなかったらこの業界で生き残れるかいや」

間近で見ると一年前に比べ、廣澤の頭にはずいぶん白いものがまじっていた。

厚化粧したおばちゃんが歌い上げる大音響の中で、廣澤の携帯電話が鳴った。まだ仕事が残っているらしい。コップに残ったビールを飲み干し、部落産業に飛び込んだ男は再び職場に戻って行った。

# 第五章　伝える

その日、山本有美（四十三歳）は、小学六年生の息子、裕次（十二歳）に「あんたも部落民やねんで」と告げようと考えていた。卒業式を間近に控えた三月半ば。裕次は中学受験を終えて進路も決まり、話すのにはちょうどいい時期に思えた。中高一貫の私立校教師をしている夫の一郎（四十三歳、いずれも仮名）とは以前から「中学生になるまでには言おうか」と話し合っていた。

山本家では、一郎の帰宅後、親子三人がテーブルを囲み、その日あったできごとなどを話しながら食事をするのが習わしになっている。有美はいつもは晩酌をたしなむのだが、その日は控えた。食事が始まり、いつものように、夫婦の話題は部落問題に移っていった。いつものようにというのは、ここ数年、一郎がＰＴＡの同和教育推進委員を務めていることから、地域で同和教育をどう進めるかを夫婦で議論することが多かったからである。

これまで有美は部落問題をテーマに夫と話をするたび、そこにいる息子に、

「実はお前もそうやねんで」

と言おうと思うのだが、その一言がどうしても出なかった。

裕次は数週間もすれば中学生になる。それまでには、言っておきたかった。それは有美が自分で決めた〝けじめ〟だった――。

いつもの夕食にいつもの会話。だが有美にとっては「いつも」ではなかった。今日こそはと、息子に言うタイミングをはかりながら一郎と話をするのだが、どうも夫はいつものノリがない。むしろ機嫌が悪いようにさえ思えた。裕次が席をはずしたとき、有美は夫に尋ねた。

「今日言おう思てんねんけど、言わん方がええかな?」

「好きにしたらええがな」

ぶっきらぼうな答えが返ってくるだけだった。どうやら一郎はその日は体調が思わしくないようだった。

結局、その日は息子に言えずに終わった。

兵庫県のある地方都市。駅から徒歩十分の一軒家に、この家族三人が住んでいる。現住所は部落ではないが、有美はわずか数キロ離れた部落で生まれ育った。大学を卒業後、学校の教師である一郎と知り合った。結婚するにあたって、ふたりは一郎の両親に有美が部落出身であることを告げていない。一郎は話しておきたいと言ったのだが、有美は嫁姑の関係が悪くなったときなどに部落出身者として陰口をたたかれるのはたまらない、と思った。結婚して十年余り経つが、一郎の両親は有美が部落出身であることを知らない。

有美は自分の出自を、息子には言っておきたかった。これまで生きてきた四十年余りの中で、部落に生まれ育ったことで嫌な思いを幾度かしてきた。以前は言わない方がいいと思ったこともあった。だが、いずれ息子は部落民として見られることがあるかもしれない。そのうち母親が部落出身であることを知るだろう。それなら人から教えられるよりは自分が知らせた方がいい。それもひとつの情報提供だと考えるようになった。「部落出身」であることを知った後、その立場から逃げようが逃げまいが、それは彼が判断すればいい。彼がその境遇を受け止める〝器〟を、少なくとも家庭の中でつくってきたという自負はあった。

夫の一郎の考えも、有美とさして違いはない。裕次が部落出身であることを知らずに育ち、差別に出くわして大きなショックを受けるという事態は避けたかった。そのためには時期をみて話しておいた方がいいと考えていた。

子供に告げるにあたって夫婦で一致していたのは、マイナスイメージだけはもたせたくないということだった。

有美は、PTAの同和研修で一緒になった友人に言われたことがある。

「有美さんに会うまで部落の人は差別されて悲惨な生活を送るかわいそうな存在だと思ってた。でも有美さんに会って、別にそうでもないことがわかった」

同和研修が、結果的に「部落はかわいそうな存在」というマイナスイメージをも伝えていることを有美と一郎は実感していた。裕次には重大にとらえ過ぎないでほしい。「知らんかったん？　あんたも部落やねんで」という具合に、できることなら笑顔で話したい。いかに自然に話せるかを夫婦は考えていた。

息子に言えずに終わった翌日。その日も夕食をとりながら、夫婦の話題は部落問題に流れていった。有美は再びタイミングをうかがっていた。

「また始まったわ」

いつもの光景に、裕次はお気に入りのカントリーミュージックの曲を頭の中で流し始めた。父親の友人の影響でギターが趣味だった。自分の世界に浸《ひた》りきる裕次を遮《さえぎ》るかのように、突然、父親が息子に向かって言った。

「お前、こんな話しとって何か思わへんのか？」

「え、何が？」

「部落問題について何も思わへんか？」

裕次には父親の言っている意味が理解できなかった。小学校で江戸時代の身分制については学んだことがあった。「士農工商その他の身分」のうち「その他」が部落につながっているという内容だった。が、詳しいことはわからなかった。

「部落って何やの？」

唐突な父親の問いかけに、裕次は素朴な疑問を返した。

「部落というのはやな……」

父親が部落の歴史を荘園時代から話し始めた。数学の教師であるが、学校の同和教育も手掛けてきただけに知識はある。平安時代から江戸時代の身分の変遷を経て、明治政府の身分解放令の話になると、裕次が、

「学校で習《なろ》たことと違う。江戸時代の身分は形式上はなくなったんやろ」

と言い出した。父親は負けじと反論した。

「部落の本当の苦しさは解放令以後や。解放令で身分がなくなったわけやなくて、旧身分は『新平民』として資本主義に組み入れられたんや……」

有美は、そこらへんはすっと流しいな、いつになったら息子に言えるねんな、と思いながら聞いていた。夫が話し始めると長くなるのはいつものことだった。

大正時代の部落大衆の立ち上がり、戦後の部落解放運動、同和行政の始まりに話は及び、ようやく現在に至った。荘園時代から始まった話はすでに二時間が経過しようとしていた。

父親の長い説明が終わり、一瞬間があり、母親が息子に言った。

「で、あんたもそうやねんで」

自分が部落民であることを告げられ、裕次の口から出てきた言葉は、

「あ、そうなん。ふーん」

だった。

「俺、『ザ・部落ウルトラ解放フェスティバル』でいうたら見る側やと思とってんけど、演じる側やってんなあ」

なにやら他人事のようだった。

「ザ・部落ウルトラ解放フェスティバル」とは、『ゴーマニズム宣言　差別論スペシャル』という本の中で、著者の小林よしのりが提唱するイベントである。部落出身の芸能人や有名人が一堂に会し、出自を名乗ることで世間の部落のマイナスイメージを打ち破ることができるのではないか、という案である。裕次はそのフェスティバルでいうと「見る側」だと思っていたというのだ。

親として無事伝え終えたが、一郎と有美には、息子が部落出身であることをまったく知らないことが意外に思えた。食卓を囲んで毎日のように部落の話をし、本棚には部落問題関係の書籍やビデオもある。

有美はある日、裕次の担任教師に言われたことがある。

「お母さん、裕次君はもう気づいてるんと違いますか」

「そうかもしれませんねえ」

そんな会話をしていたのだが、本人は、まったく気づいていなかった。

「あんたが部落やというのを聞いてどう思う？」

部落民であることを告げた後、有美が裕次に尋ねた。

「別に」

動揺した様子はまるでなかった。

マイナスイメージだけは植え付けまいとした両親の意図は一応達成されたわけだが、部落で生まれ育っていない裕次には、部落とは何か、何をもって部落民というのかが判然としないようだった。

「部落民って何で決まるん？」

裕次が両親に尋ねたことから三人で議論になった。住んでいたら部落民なのか、外に出たら部落民でなくなるのか、逆に外から部落に移り住む人もいる。息子の問いに一郎は答えた。

「部落であるかないかは、他人が決めることや」

差別する側が部落民を規定する、というのが一郎の考え方である。

有美は家族三人を比喩的に説明した。

「お母さんは全ブラ、お父さんはノーブラやから、あんたは半ブラやな」

「だから俺は何なん？」

裕次はまだ釈然としない様子だった。

有美は最後に「おじいちゃんとおばあちゃんは、お母さんが部落出身だということを知らないので、迂闊《うかつ》にその話をしないように」と裕次に釘《くぎ》を刺した。

「話も終わったし、さてギターでも弾こうかな」

裕次はそう思ったが、すでに日付は変わろうとしていた。

「もう寝えよ」

父親の言葉に押されるように裕次は自分の部屋に入っていった。

いつもと少し違う三人の一日が終わった。


翌日、有美と裕次は担任教師に会うため小学校を訪れた。有美は担任に、息子に部落出身であることを告げたら、学校で支援できることがあるかもしれないので教えてほしいと言われていた。裕次の小学生生活も残すところあとわずかだったが、担任への報告も母親にとっての〃けじめ〃だった。

三人は保健室で会った。有美は花粉症で春先から目がかゆくなる。その日もしきりに目に手をやったが、教師に涙をふいていると勘違いされてないやろか、と気になった。教師は一通り話を聞き、裕次に語りかけた。

「お母さんは君に言うか言うまいか、悩んだと思う。裕次君も将来はいずれ社会に出ていろんな体験をするかもしれん。僕は裏方やけど、これからは君が主役として演じていくんや。これからが本番や。僕はもっともっと君たちと話していたいけど、職員会議があって行かなあかんので……」

　十五分ほど話をして担任教師は職員室に消えた。

「言うか言わへんか、そんな悩んでなかったけどな……」

「これからが本番て、そんなたいそうなもんか……」

　母子はそんなことを言い合いながら家路についた。

　冗談交じりに軽いタッチで「お前も部落や」と知らせるつもりだった有美は、息子に告げた数日後、私に会ってポツリと語った。

「ほんまいうて、言うてすっとしたところある。どっかでストレスあったんやろか」

　それから二ヵ月後。一家の〝その後〟を聞くため、私は彼らが住む家を訪れた。駅には裕次が迎えにきてくれていて、家まで歩きながら話をする。中学一年生になったばかりの裕次は、まだ幼さが残る顔つきだったが、変声期の太い声と顔のニキビが成長期を感じさせた。無理にでも話題をつくらないと間がもたないということもなく、話しやすい少年だった。

両親とともに自宅で宅配ピザをほお張りながら、裕次に自分が部落出身だと知ったときの印象を聞く。

「へーっ、知らんかったなあという感じ」

言われた当日、母親が感想を聞いたときの反応と同じである。無表情に語るが無愛想ではない。

「これから先、なんか変わるかなあとか思わへんかった？」

父親が問いかけた。

「まあなあ、今もそうやけど、これから先、変わるとかそんなふうに思わなかった。別に部落がどうのこうのいうのはよう知らんし、そんなものは実際言われてへんし」

「言われたらどうする？」

今度は母親が質問した。

「言われたって……別に……言われたら放っとく、そんな奴」

今の俺には関係ない、という表情である。

話はその後、あの日と同じ、部落とは、部落民とは何かという話題になった。再び全ブラ、ノーブラ、半ブラという言葉が出たところで裕次は言った。

「俺は部落じゃないとも思わへんし、部落やとも思わへん。別に部落なんか気にしてない。部落って何って感じ。だって部落じゃないって妙に意識するのも差別の一種やと思う。そんな古い話してんのか、明治時代の話やんけ、ダセエという感じ」

部落でないとも部落であるとも思わないという裕次の考えは、私には新鮮だった。

これまで部落問題は、差別者側と被差別者側という二項対立で論じられてきた。そのどちらでもないという立場は、これまでの部落問題の枠組みを超えた視点である。

裕次が部落問題を理解しにくいのは、部落や部落民の定義もさることながら、部落差別をする、される双方の感覚を実感できないことにもある。

例えば差別する感覚である。

「バキュームカーに乗ってる人は差別されることがあるっていうけど、俺なんか尊敬するけどな。俺は臭いの嫌いや。俺が嫌いやなと思うことは、たいがいの人も嫌いやと思う。でも、それをやるっていうのはすごいな。俺は差別するどころか、おにぎりつくってもっていく」

生理的に合わない職業であっても、その仕事を蔑むという発想がまったくない。ましてや部落差別などという明治以前の身分を云々するのはダサイのである。

差別される感覚についても、裕次はあまり興味を示さない。この日、母親は初めて我が子に、自分と部落差別とのかかわりについて語った。あの人ら普通の人とちゃうねんで、と友人が言っていたのを間接的に聞いた話。部落出身の意味を知ってから、自分のふるさ

とが言いにくくなった話。だが裕次は、どの話を聞いても、

「ふーん、まあ今は時代が違うからな。そんな具体的なことは俺知らんし……」

「たかが部落であるなしで、そんなに考えるん？」

と素っ気ない。

有美は自分なりに部落問題にこだわりつつ、裕次の考え方、感性を面白がってもいる。

「息子を見てたら羨ましいと思う。彼の場合、差別されることの痛みが伴ってない。私は痛みもコンプレックスもあった。私の母親は部落問題を口にしてほしくないという感じで話できなかった。話ができるという面では、うちはクリアできてるからね」

夕食時、夫婦でおこなわれていた部落問題論議に、あの日から、裕次が加わるようになった。

「相変わらず気楽なこと言うてる。この前は、『そやそや、オレ部落民やったんや』って言うてた。まあ、仲間がひとり増えたという感じかな」

カラリとした口調で母親はそう語った。

部落民だとも部落民でないとも思わへん——。新しい立場と感性をもった裕次が、これからどんな人生を歩むのか。言うべきことを伝えた両親に、不安は微塵もない。

「あなたは何人の部落民を知っていますか？」

そう問われて、すぐに何人もの顔が浮かぶ人はそんなに多くはないだろう。もちろん部落民や同和行政の関係者を除いての話である。身体的特徴があるわけでもなく、大きな文化的差異があるわけでもない。一般的にいって誰が部落民であるかは周囲にはわかりにくく、初対面であればなおさらである。

ところが政府統計では日本には部落民（行政用語では同和関係者という）が約九〇万人、地区内の人口は約二二〇万人にものぼる（九三年）。規定する主体によって部落民であるかどうかは違う。例えば父親だけが部落民の場合、子供も部落民と見る人もいるし、見ない人もいる。地区人口すべてが部落民であるとは言い切れないが、未指定地区住民や流出人口を含めると少なくとも一〇〇万人単位であることは間違いないだろう。ところが、それがだれであるかは本人が言わない限りわかりにくい。文字通り「見えにくい存在」である。

異文化理解をテーマにしたある講座で、三十代半ばのある在日韓国人三世の男性が次のようなことを語っていた。

「僕は小学生、中学生を通名《つうめい》で通した。在日であることを隠していました。人と違うということがいややった。人と同じ、周りと同じであることに安心感があったわけです。でも中学生になって部落出身を名乗ってる友達と付き合ったり、同じ在日の友達がカミングアウト（公言）するのを聞いて、僕は嘘をついてることから解放されたいと思うようになった。通名をやめて本名にしたのは高校を卒業してからやけど、本名でいくのは『僕は在日韓国人です』っていちいち説明せんでいいからです。在日であることを説明するのはけっこう邪魔くさいんですよ」

本名を名乗ることによって周りに在日韓国人とわからせることができるという彼の話は、名前が民族のひとつの「証《あかし》」であることを物語っている。

ひるがえって部落をみたとき、そのようなシンボリックなものがあるだろうか。住所や名前でわかる場合はあるが、土地の者にしかわからない。強いて言えば一世紀以上前の身分が部落民の「証」ということになるが、一般的にいって容易に確認できるわけではない。かつては本籍が書かれた戸籍を自由に閲覧することができたが、現在では原則的には閲覧できないことになっている。要するに、すぐに部落民だとわかるようなものはない。ないからこそ、部落民は「あなたたちとどこが違うんだ」と「同じであること」を強調してきた。生活全般で部落が部落外に近づいた今、部落民はますます名乗らなければわからなくなってきている。

「見えにくい存在」であるということは、逆にいえば隠しやすいということでもある。黙っていたらわからない、わざわざ自分から言う必要はない、というのが、私も含めた多くの部落出身者の心境であろう。付け加えるなら、わざわざ言う必要はないという意識には、隠せる、あるいは隠したいという潜在意識もある。

部落問題の取材では、実名にするか仮名にするかで、取材する側もされる側も気をつかう。

概して部落出身者でない人は実名でもかまわないと言うが、出身者の場合、仮名を希望することが多い。できることなら公にしたくはない、そうすることで何らかの実害が及ぶのではないかと考えるからである。自分は構わないが家族や親戚のことを考えて仮名にしてほしい、という例も少なくない。部落出身者でなくても、伴侶が出身者であれば仮名に、というケースもある。ことほどさように、仮名か実名かは取材される側もする側も神経を使う。

本書の取材で、私はある靴職人を訪ねた。靴職人には部落出身者が多く、その職人も例外ではなかった。部落問題をテーマにしていることをあらかじめ告げ、快諾を得て取材に入った。その職人には以前、震災をテーマに長時間にわたりインタビューしたことがあり、私が部落出身であることもそのときに話していた。私の関心は部落産業の従事者である靴職人が、部落問題をどのようにとらえているのか、だった。

人なつっこさが顔ににじみ出た老職人は、奉公時代の思い出や靴をつくる技術などについては微に入り細にわたって話してくれるのだが、肝心の部落問題になると話をはぐらかした。何度も軌道修正を試みたが、結局、部落については何ひとつ語らなかった。

部落の話をしたくないのなら、なんでこの取材を受けたんやろう。私は話を聞きながら、そんなことばかりを考えていた。その時間は、私自身が出自を隠しているような気がして落ち着かなかった。そこまで彼に口をつぐませるものが何であったのか、結局なにひとつ聞き出せなかったが、はっきりしているのは、彼が部落出身を隠しているということだった。

部落問題は大ざっぱにいえば、部落民個人や部落全体への悪口という形でひそかにささやかれるか、知らない問題としてまったく話題に上らないかのどちらかであろう。

米・スタンフォード大学に在学し、フルブライト留学生として大阪の部落に滞在するアメリカの黒人、ジョン・H・デイビス・Jr.（二十九歳）は、研究テーマの部落問題について、淀みのない日本語で語ってくれた。

私たちは駅前の喫茶店で会った。日本社会に慣れているのか、「部落」「同和」という言葉が出るたびに彼の声は小さくなった。

「同和問題について部落の中で話すことはあっても、部落の外ではあんまりチャンスないですね。正直に話してくれる人、あんまりいないですよ。日本に来る前、アメリカの大学で日本の先生に『部落問題は日本ではタブーですので、テーマを変えた方がいいんじゃないですか。研究できないかもしれないですよ』と言われました。実際に来てみて、やっぱりタブーだなと思う。多くの人は部落のことを知らない。でも毎日、部落出身の人と話したり、働いたり、食べたりしてるかもしれない」

留学生は「見えない存在」をしっかりと見据えようとしていた。日本人は評論家のように同和対策事業は論じても、差別については意見を言わないという。

「同和教育を受けていた人でも部落のことはよく知らない。でも同和対策事業については意見を言います。事業のありかたがおかしいという意見が多いですね。そういう考えがあってもいいと思うんですけど、それだけじゃなくて差別についてどう思うか、差別に対してどういう態度をとるか、という点が一番大事だと思います。差別をどうするかについて、もっとみんな考えなきゃあ、と思います」

大阪市内の部落に住んで三年になる。彼の場合、部落は抽象的なイメージの中にあるのではなく、日常生活そのものである。

「部落は怖いということをよく聞きます。怖いと言う人に『何か怖い経験をしましたか?』と聞くと、たいていは『してないです』と答えますね。経験はないけど怖いというイメージはあるわけです。僕は実際に部落に住んでますけど、全然怖くないですよ」

彼にとって部落は「怖い」どころか、「すぐに声をかけてくれる人たち」という印象がある。

日本で生活をしていて、部落問題が日本文化と関係していることに気づくことがある。例えばテレビを見ているときである。

「僕は時代劇が好きでよく見てるんだけど、よく『お前はどこの誰だ！』って言うでしょ。アメリカ人にとっては不思議です。日本ではどこの会社の人間であるとか、どこに所属しているかという意識が強い。僕も『どこの人ですか？』と聞かれることがある。『アメリカ人です』と言うんですけど（笑）。日本はどこの組織に所属しているかで社会的な地位が決まってしまう。そういうのが部落問題と関係してるんじゃないかと思いますね」

何をさしおいても所属する組織や社会的地位を気にすることと、ある地域に住む人々を一段低く見ることとは、どこかで結びついているのではないか、とデイビスは考えている。彼の仮説を敷衍《ふえん》すれば、日本的ブランド志向が部落差別を温存させてきた、ということになろうか。そのような文化的背景の中で、部落民であることを表明するのはいろんな意味で難しいのではないか、というのがデイビスの分析だ。「カミングアウトするかしないかはあくまでも個人的な問題」とした上で次のように語る。

「差別意識が強いから、部落の人がカミングアウトするのは難しいんじゃないかな。急に〝外の人〟として扱われたらいやだなとか、グループのハーモニー（和）とか考えると、いじめられるという感覚があるから、やっぱりしにくいでしょ。カミングアウトしたくない人は、自分を部落民としてではなくて日本人として意識してる、というのはすごくわかる。あーわかるな、と思いますね」

カミングアウトは常に差別されるリスクを伴う。タブーが強ければ強いほど、カミングアウトはしにくく、部落民の存在はますます見えなくなる。見えにくさと、タブーであることは、コインの裏表の関係のように密接に結びついている。

見えにくいからこそ伝えたい──。中国地方にある公立高校の教師になって二年目の山下とも子（二十六歳、仮名）は、生徒や同僚に、部落問題を理解してもらうために、部落出身であることを知ってもらいたいと考えている。

貧しさの中で働きながら子供を育ててきた祖母。行商、テキ屋、トラック運転手など次次と職を変える父親。一見みじめでどうしようもない家族を、部落問題というフィルターを通して見たとき、初めて彼らがそうしなければ生きてこられなかったことに気づいた。「部落差別が怖いから」という動機で高校、大学時代と部落問題を考えるサークルに入り活動を続けてきた。が、たったひとりになると「自分が部落出身だと打ち明けることで相手はどう思うだろう」と弱気になってしまう。

山下自身は直接的な被差別体験はない。だが、中学時代に上級生の出身生徒が「お前なんか学校に来んかったらええ」と言われたり、いやがらせの手紙を靴箱に入れられるなどの事件を身近に見聞きしてきた。大学では「部落民死ね」と書かれたテレホンカードが構内で発見されたこともあった。

教師になり、生徒の会話を聞いてドキッとしたことがある。ある親が「あの先生（山下とは別人）は部落の人や。それで結婚が難しくなった」と噂していたという話だった。

「生徒が私の出身のことを知ったら……」

そう想像すると怖くなった。

思わず喉元まで出かかったこともあった。

家庭の事情で養父母に育てられていた教え子がいた。友人に本籍と現在の姓が違うことでからかわれ、自暴自棄になっていた。山下は職員室で彼に語りかけた。

「生い立ちを恥じることはないよ。水平社宣言（一九二二年＝大正十一年に、部落大衆が結集した全国水平社創立大会で採択された宣言で『全国に散在する吾が特殊部落民よ団結せよ』で始まる）知っとる？　私の支えでね。そこにも書かれとるけど、人間には同じ赤い血が流れとる。ほんまにそう思いたい。人によって黒い血や青い血が流れとるわけじゃない。なあ、ケンちゃん」

言いながら、これ自分に言うとるがな、と思った。生い立ちを恥じることはないと説きながら自分のことが言えないもどかしさ。

「出身を言うことにためらいもあるし、教師としてまだ半人前という気もするんです。最初に自分は部落民じゃけえとか、部落民やから解放教育（部落問題だけでなく、ほかの被差別者の問題を含めた人権教育）やらなとかいうより、ふだんから生徒にどう接していくかが今は大事だと思うんですよ。だから言うのは近い将来じゃないと思いますね」

話を聞いていて、私は彼女が「伝える」ことにがんじがらめに縛られているような気がした。なぜそこまでこだわるのか。

「うーん、なんで言わんとあかんかっていうと、差別があるから気になるんですよ。『ちょっとちょっと鬱陶《うっとう》しがらんと聞いてえや。わたし部落なんや』って感じで言いたい。『あっそう』で済んだら納得いかないけど（笑）。部落問題を一番考えてもらおうと思ったら、『あなたの隣にいるわたしが部落民や。部落問題というのはわたしのことよ』って言うことやと思うんです」

同和教育を担当する何人かの同僚には打ち明けた。「わたしは部落出身です」ではなく「学生時代に解放研（部落解放研究会の略称）やってたんです」という間接的な言い方だった。それでも初恋の相手に自分の気持ちを打ち明けるようにドキドキした。自分の立場を伝えるかのように、せっせと部落問題の本を買い込んでは職員室の自分の本棚に並べている。

ケンちゃんが卒業するまであと一年ある。それまでに彼には言おうと思っている。

環境が変わることで出身について口を閉ざしてしまうケースもある。大阪に住む二十代半ばの女性は語る。

「私は小学校から高校までは同推校（同和教育推進校）に通ってて、クラスの中では部落だって言ってきた。なんでこんな言わなあかんねんと思いながら、先生に言わされた。まあ、言ってすっきりした部分もありますけどね。高二のとき、友達に『部落？　何それ？』って聞かれて説明したことがある。その子とは今も仲がいい。安心して普通に話ができる」

高校では同じ部落の生徒も通い、同和教育の授業もあった。ところが短大に入ると、自分が部落民であることを誰も知らない。

「短大に入ってから仲のいい友達には言ってない。言わなあかんと思うんですけど、言うことによって離れていくというのがないとも限らないから。だから会話も部落の話題を避けて避けて、どこかぎくしゃくしてた。で、そのあと、言わなかったことを後悔した。鬱陶しいですよ。

卒業してからも短大で一緒やった仲のいい友達と三人で会うけど、ひとりは同和教育をひととおり習ってる。その子には言えても、もうひとりには言うつもりはない。その子は建設会社に勤めてて、あるとき『あのへんて部落やからなあ』と言ったことがあるんですよ。そのとき『ああ、この子には言われへんなあ』と思った。言う必要はあるかな、と思うんですけど、毎日会ってるわけじゃないし。たまに会うときくらいは楽しい会話をしたいじゃないですか」

言えないわだかまりはあるが、毎日会うわけじゃない、と自分を納得させている。

彼女は、毎日の生活の中で部落出身であることを意識することはほとんどないという。

「普通にそこらへん歩いててもわからないじゃないですか。別に悪いことしてるわけじゃないし。でも（部落出身を言うことは）面倒くさい。友達が結婚するときに気にしてましたからね。私は結婚する気はない。恋愛もそれがあるから面倒くさいんですよ」

部落に生まれたことについてあれこれ考えることはない。部落の外に出て住もうとも思わない。ただ、部落出身であることを伝えることを考えると、恋愛さえ億劫《おっくう》になる。わかりにくいからこそ言わなければならないときがある。そのとき、ふだんは意識しない部落出身という立場がリアリティをもって迫ってくる。

言おうと考えているけれども言えない——。高校教師の山下とも子の話を、第一章「家族」で紹介した五十嵐文輝にすると、信じられないといった表情ですっとんきょうな声を上げた。

「あたしそんな人がおるって初めて聞いたわ。そんな人おんねんねー。あたしのこと嫌いやろなー。申し訳ない。そんな人とお話ししてみたいわ。でもなんか拒絶されそうやなー」

同じ部落出身者という立場とはいえ、山下と五十嵐には考え方、感じ方、行動においてかなりの違いがある。五十嵐の伝え方は、状況に応じてという臨機応変型である。

「こいつ部落問題をわかってへんなあ思たら言わへん。その子の身にふりかかってへんし、それでギャーギャー言われるってその子の重荷になるやんか。言う言わへんでぎくしゃくすることは今までなかった。あたしも人を選んで言うてるし。言うてるっていうか、言わざるを得んようになったら言うけど、特別に場をもうけてあえて、というのは一回もない。たまたま流れで言った方が話が進むときとか、より自分の意思がはっきり伝わるときには言うけど、それ以外では別に言わへん。一番仲のいい子にも言わんかったこともあったし、する必要もないと思ってる。あえて隠しもせえへんけど、そういうのは必要に応じて。そう思わへん？」

親友にも言わないことがあるという彼女には、自分なりの〝美学〟があるようだった。

「なんかな、堅苦しいのが嫌やねん。自分が特別な存在っていうのも嫌やし『あたしって実はな……』とかいうのもおかしな話やと思うから。

そもそもカミングアウトっていう言い方が恥ずかしくない？　なんか鬱陶しない？　なにそれ、大層に。どんな問題であっても自分の立場を言うことに関しては大変なことなんやけど、部落民宣言とか、そういうのをご大層に祭り上げるっていうか、そんな言い方をつくってしまうっていうのはすごく恥ずかしいなと思う。なんでそんなことなんねやろ。誰が言い出したん？　そういう言葉に縛られたらしんどいやん。言いたかったら言やあええやん」

その五十嵐が、必ず言うことにしているケースがある。

「あたしな、結婚したい人には言うようにしてる。だって後で後悔されたら嫌やん。こっちも気ィ悪いやろ。でも今の彼には『そんなんで俺が結婚せえへんと思とったんか』って逆に怒られたけどな」

第二章「選択」に登場する熊本理抄も五十嵐と同じ臨機応変型である。

「言った後、いろんな反応がある。さっと顔色が変わる人もいるし、すごく仲良くなることもある。この人には一生言わない、言う必要ないな、という人もいる。基準はね、勘。あと言う場所とかね。つきあいの浅い深いもある。あたしはこういう人間だけど、それでも受け止めてくれるのかな、と思いながら言うけど、こっちは相手がどんな反応をするか見てる。運動団体関係の人に言うと『おっ、お前もか』って言われる。切り札として使うときもある。ずるいよ」

五十嵐や熊本には、伝えなければ……という力みはない。あるのは話すに値する人物であるかどうかを見極める眼力であろうか。

「へえ、部落の人ですか。ぜひお話ししませんか」

部落民であることを名乗ってこんな反応が返ってくるのは、よほど部落問題に関心がある人だろう。何人かの発言にあったように、部落出身であることを言うのは、私にとってもかなり鬱陶しく面倒くさい作業である。自分を見る目が変わってくるのではないか、という漠然とした恐怖感もある。部落出身であることは、少なくとも世間ではプラスイメージで見られることはないという確信もある。

私が他人に部落出身者であることを初めて伝えたのは、中学三年生の同和ホームルームの時間だった。授業の内容ははっきり覚えていないが、建て前的な、どうでもいいような教師の話だったことだけは覚えている。私はいらだっていた。校区の中に部落は私が住む地域しかない。中学一年から同和教育はあったが、授業の内容はだいたい同じで部落の歴史か基本的人権、平等云々という建て前的な話だった。部落問題はそんな抽象的な話ではないのだ。私は教師の話をさえぎり、立ち上がった。

「部落というのは僕の住んでるとこです。みんなも知っておいてください」

唐突な行動に、教師が一番驚いていた。だが、私にしてみれば、クラスの中には部落がどこか、誰が部落民かを知っている生徒もいるのに、絵空事のような話ばかりする教師がもどかしかったのだ。

ところが高校に入ると事情が違った。短大に入学して言えなくなった女性と同じで、生徒は市内外の広範囲から通学してきている。自分から言わなければわからないわけである。だが部落問題は気になる。人生の一時期にある、妙な生真面目さと行動力がみなぎる時期だった。私は担任の教師と共謀して誰が部落民かを調べ上げ、部落問題を考えるサークルを作ろうとした。三年生の夏休み前、ある友人に計画を相談すると彼はこう言った。

「そら、全校生徒に呼びかけなあかんで。なんやったら俺も手伝うで」

そう言われた途端に私はビビってしまった。うわあ、好きなあの子にもバレてしまうがな……。意気地がないのなら、そもそもサークルなど作ろうと思わなければいいのだが、ええかっこしいなのである。結局、出身生徒の何人かが集まってたわいのない話をしただけで、サークル結成という目標は、全校生徒と片思いの彼女に知られてしまうという大きな壁の前にもろくも潰《つい》えてしまった。

部落民としてこれまで一番困ったことは？　と問われれば、私なら部落問題を伝えるのに苦労したこと、と答える。幸いにして被差別経験はない。したがって部落差別を体験的に語ることができない。被差別部落に育った者が差別を語れないのでは、歌が歌えない歌手みたいでなんだか変である。

ところが私は部落民として部落問題を伝えなければならない状況にいたことがある。

大学時代、私は部落解放研究部というクラブに入っていた。高校時代は部落問題が気になっていたが、大学生になると部落問題も気になる、という具合に、問題に対するエネルギーはパワーダウンしていた。華やかなキャンパスには楽しそうなサークル、クラブが目移りするほどあった。何も好き好んでそんなクラブに入ることはないやないか……心の中でもうひとりの私がブレーキをかけるのだが、ばか正直なもうひとりの私が勝ってしまった。

大学には部落出身学生が、少なく見積もっても数十人はいるはずだったが、クラブに入って部落差別に反対しよう、などという出身学生は上級生にふたりいるだけで同級生には私以外ひとりもいなかった。圧倒的多数の部落出身学生は、名乗りもせず、活動にも参加しなかった。私にとってキャンパスの部落民は〝見えない存在〟だった。部落差別を人に訴えたり、差別に対して闘う部落民が少ないことを、私は大学の解放研で身にしみて感じた。

私が大学に入学した八〇年代前半は、かつて燃え盛っていた学生運動の火は消えかかっていた。四回生になると、クラブはとうとう私ひとりだけになってしまった。なんだか絶滅寸前の希少動物みたいである。のんびり屋の私もさすがに焦った。私が卒業すると何十年と続いたクラブがつぶれてしまう。さして活動には熱心ではなかったが、つぶれてしまうのは惜しいような気がした。最後の部員という状況になり、私は初めて部落問題をどう学生に理解してもらい、組織化するかを考え始めた。私を自覚的な部落民たらしめたのは、地縁や血縁、被差別体験ではなく、クラブ存亡の危機だった。

にわかに部落問題の伝道師にならざるを得なかった私は、本を読んだり研究会に参加したりして短期間で知識を詰め込み、授業にも出ずに、毎週テーマを設定し、最低週二日は学内で学習会を開いた。火事場の馬鹿力か、新入生を中心に部員は徐々に増え始め、三ヵ月で七人まで増えた。とりあえず廃部はまぬがれたものの、部落出身学生はやはり入ってこなかった。

クラブでは毎年夏に合宿を実施していた。新生解放研の初めての夏合宿は、海の家を借りきって、といきたかったが、金がないので新入部員のアパートでおこなった。三ヵ月間の活動を総括し、今後の方針を話し合った後、自由討論となり、ここぞとばかりにひとりの部員が口を開いた。

「部落差別はあかん言うけど、俺はなんであかんかわからへん。差別されたもんの痛みなんかわからへん」

物事を斜に構えて見ることにおいては右に出るものがいない男だった。私は、なんでこんな奴まで入部させたんやろ、と自分に腹が立った。ひねくれ男の開き直り発言に、私は頭に血が上り、足の裏を彼の頭に押し付け、たんかを切った。

「どや、痛いやろ。差別されたもんの痛みというのはこういうこっちゃ！」

ずいぶん芝居じみた行動だったが、私にはそんなことしかできなかった。彼が私に求めていたのは本に載っているような借り物の知識ではなく、部落出身者としての肉声だったように思う。

そのころの部落問題の伝え方は、部落の生活を赤裸々に語るのが一般的だった。貧乏ゆえに親は学校に行けず、字を読めないこと。父親の仕事は日銭を稼ぐ肉体労働だが、仕事や生活のつらさを酒でまぎらわせていたこと。そんな中でも母親が育ててくれたこと……。部落問題を考える集会に行くと、同じ年頃の「同胞」たちが涙ながらにそんな話をしていた。ところが私の家は違った。父親は幼くして父親（私にとっての祖父）を労災事故で亡くし、尋常高等小学校卒業と同時に近くの化学会社に勤めたが、そんな境遇に腐ることなく、四十六年間を真面目に勤め上げた。酒飲みだが、仕事や生活に支障をきたすほどでもない。生活は中の下か、下の上クラスだったが、涙ながらに語るような話はなかった。〝恵まれた部落民〟は「差別されたもんの痛みなんかわからへん」と言われると、生活の中で語るべき言葉がなく、ぐっとつまったのだった。

新入部員の頭を踏みつけた私の咄嗟《とっさ》の行為は、部落差別の基本認識としてよく言われていた「足を踏まれた者の痛みは踏まれた者にしかわからない」という言葉をそのまま実力行使しただけだった。しかし、そんな安易な方法で部落問題が伝わるはずはない。私に頭を踏まれた男は、しばらく目を合わせてくれなかった。

そのひねくれ男は母子家庭で育ち、ミカン箱で受験勉強をした、と後になって聞いた。いつもくたびれた服をまとい、靴には穴があいていた。私の家より、はっきりいって貧しい。しかも私が十代後半から住んだ家は、田舎ということもあって、けっこう大きい。その彼が初めてわが家を訪れたとき「でかい家やなあー」と心底感心していた。彼の家に泊まったことがあるが、築何十年もの狭い公団住宅だった。

大学で部落問題をテーマとするクラブに入っていても、自分が部落出身であることを名乗る場面はそうあるわけではなかった。言って通じそうな人、例えば部落問題論の受講生や社会問題に関心がありそうな学生に言うくらいである。だが、たまに何の心の準備もなく「なんでそんなクラブに入ったん？」と聞かれることがあった。ほお杖をつきながら「いや、実は母親が部落問題に足を突っ込んだと思っているようだった。彼らは私が正義感から部落問題に足を突っ込んだと思っているようだった。ほお杖をつきながら「いや、実は母親が部落の出身でね……」などと思わせ振りなセリフを言うことができればかっこいいのだが、私の場合、両親はおろか、祖父母も部落民、加えて生まれも育ちも部落であるから、どう考えても〝どっぷり部落民〟なのである。結局、「部落出身なんや」というシンプルな一言を発し、相手も「あ、そうなん」で会話が終わるのが常だった。

部落出身を伝えることに最も真剣になるのは恋愛中である。

大学一回生のとき、ＯＬと付き合ったことがある。数回会っただけなのに、私は彼女に自分が部落出身者であることを話さなければ、と思った。言うなら早い方がいい。よし、次のデートで言おう、と決心した。青年よ、なぜ、そんなに急ぐのか？　と問われれば、早目に言う方がよい、とされていたからである。とにかく、私たちは、大阪・梅田の紀伊國屋書店前で待ち合わせた。だが、彼女は約束の時間を過ぎても現れなかった。おかしいな？　なんでかな？　今日俺が言うのを知ってるのかな？　そんなはずはないわな。言うのやめよかな……。そんなことを考えながら二時間ほど待ったが、やはり来なかった。家に帰り、連絡をとってみると、私が待ち合わせ時間を間違えていた。彼女とは数ヵ月後、部落問題とはまったく関係なしに別れた。結局、言えずじまいだった。

いま振り返ってみると、ひょっとして差別されるかもしれない、という強迫観念が、早く言わなければ……という焦りにつながっていったのではないかと思う。

社会人になる前も、なった後も、部落問題は私についてまわった。

大学を卒業後、地元の新聞社の入社試験を受けた。履歴書の所属クラブを書く欄には「ボランティアグループ」と書いて提出した。「部落解放研究部」というクラブ名を正直に書いても受からないと思ったからである。最終面接で一緒になった京大生は、偶然にも私と同じ部落問題を考えるクラブに属し、卒論のテーマも部落問題だった。それを正直に履歴書に書いたらしく、面接官から部落問題やソ連の情勢などについて集中して質問されていた。結局、正直者の彼は落ち、履歴書にウソを書いた私が合格した。私は「やっぱりな」と思うと同時に、なんだかすっきりしない気分だった。

社会人になると仕事が生活の中心になり、私はすっかり部落民であることから遠ざかっていた。とはいっても新聞記者として部落出身者を情報源にし、部落民という立場はちゃっかり利用していた。

一般的にマスコミは時代の最先端を行くというイメージがあるが、決してそんなことはないことが新聞社に四年半在職してわかった。部落問題に理解を示す人もいれば、部落や在日韓国・朝鮮人を露骨に差別する人もいた。要は新聞社とて、世間とさして違わないということである。私は自分のことを別に隠す必要はないが、積極的に言おうとも考えなかった。言ったところで仕事や人間関係に良い影響を及ぼすとは思えなかったし、逆に色眼鏡で見られることも想像された。

だが、隠す必要はないが言おうとも思わないという態度は、えてして言わない方に傾く。記者になって三年目。私はアメリカに出張する機会を得た。あるパーティーで部落問題の話になった。彼は日本に滞在したことがあるアメリカ人の男性が部落問題を知らない友人に説明していた。彼は日本人である私に問いかけてきた。

「いいかい、もしカド（私のこと）が部落民だとしたら、結婚するときに何も問題が起きないと思うかい？」

おいおい、それ架空の話と違うがな、と思いつつ、「問題起きるんじゃないですか」と私は答えた。

「エロール、実はね……」

とは言えなかった。出身を言わないことが当たり前になると、部落差別がないアメリカでさえ口を閉ざすようになっていた。

部落出身であることを伝えるのは億劫《おっくう》である。だが、隠し通す労力を考えると、私は隠さないことを選びたい。

兵庫県の芦屋の部落に住む中西豊美（六十一歳）は、部落出身の夫を数年前に亡くした。夫の妹は、連れ合いに部落出身であることを隠していた。夫の葬式も妹だけが参列した。いったん隠すと親戚付き合いや冠婚葬祭にも気をつかわざるをえなくなる。

以前、中西が夫の妹の家を訪問した際、部落問題の話が出た。「部落の人は怖いだっせ」と妹の夫が言った。中西は「言葉が荒いだけ違いますか？　それは肉体労働してる人が多くて、仕事でいちいちきれいな言葉をつこてられへんのですよ」とやんわり反論したが、なんとももどかしい時間だったという。

中西は自分自身についても「言葉が荒い」という自覚がある。

「そやからあの家ではあんまりべらべらしゃべらへんねん。気ィつかうわ」

部落出身を隠すのは、告白するよりエネルギーが要る。

私は自分が部落出身であることを、なんとなく知った。住んでいた地域では、小学校三年生から地元の公民館で国語、算数などの一般教科や人権問題を学ぶのだが、そこで自分が住む地域が部落であることを知ったように思う。記憶がさだかでないのは、それほど衝撃だったわけでもなかったからである。そのころは遊ぶことに忙しいという、人生で最も輝いていた時期で、そもそも部落問題を理解できる年頃でもなかった。

部落出身者でない人は部落問題をどのように知るのだろうか。

兵庫県のある公立高校が九七年（平成九年）に全校生徒九四九人を対象に行った調査によると、部落差別の存在を誰から聞いたか、という質問に対して「先生」と答えた者が八三・三パーセントと最も多く、「親」（五・七パーセント）、「友達」（二・八パーセント）を大きく引き離している。また大阪府内の府立高校一年生八七〇人を対象にしたアンケート調査（九八年）でも、部落や同和地区があることを誰から知ったかという質問に対して、「先生」と答えた者が七四・七パーセントを占めている。先生の次には「父母や家族」（二〇・一パーセント）、「友人」（三・一パーセント）と続き、兵庫県の高校と同じ順序になっている。

これらの統計を見る限り、部落問題を学ぶ同和教育が行われている地域では、部落や部落差別の存在を学校教育の中で知ることが圧倒的に多いといえる。最初に部落問題と出会う場が学校であるという事実は、ある意味で驚くべきことだが、学校教育が部落問題に大きくかかわっていることはまぎれもない事実である。

部落問題の解決を目的とする学校・社会教育を同和教育という。同和教育は一九五〇年代に部落の子供たちの長欠・不就学が問題化されたことから取り組みが始まった。六〇年代には学力・進路保障、非行問題の解決が加わり、八〇年代には、部落問題の解決には正しい知識を広げることも必要だとして、部落外の子供や大人たちにも対象は広がった。部落外への取り組みは、差別する側をこそ変える必要があるという声が高まったことに加えて、同和対策事業による部落外のねたみ意識が目立つようになった、などの背景があった。

同和教育は、部落の数と人口が多く部落解放運動が活発な、西日本を中心に広がっていった。小中高では各学年の同和教育担当教員がカリキュラムを組み、道徳、ゆとり（小学校）やホームルーム（中学・高校）などの時間を利用して担任の教師が教えるのが一般的である。

だが、部落や差別の実態が大きく変化した今、同和教育に対しては、その存在意義や内容、進め方をめぐってさまざまな意見が出ている。

調査業というある意味で部落差別と身近に接することが多かった有本憲二は、今回私が取材した中で誰よりも同和教育の必要性を訴えたひとりだった。そもそも有本は、部落問題は放っておいたら自然になくなるという考えに対して懐疑的である。

「差別は自然にはなくなりません。これは断言します。例えば差別戒名《かいみよう》（江戸時代以降、寺院が賤民の戒名に身分や職業を表す文字や語句をつけた）なんか見ても、部落の人は人間じゃない、犬畜生だと扱われてきたわけでしょ。そういう時代からずうっと差別があった。寝た子を起こさずにそうっとしておけば部落差別はなくなるんだという意見の方がいらっしゃいますが、そんな甘いもんだったら差別はなくなってます。じいーっとしておって犠牲者がずっと出っぱなしであっても、あと千年ぐらい待ったら差別はなくなるでしょうけど、それじゃいかんでしょ」

部落差別の現実を知った上で言いますが、と前置きし、有本は続けた。

「ほとんどの部落の人は部落民宣言をしてないわけでしょ。成功すればするほど隠していった。そんなことをいつの時代まで続けるんだと思いますね。確かにそういうことを気にしない人も増えてきてますし、結婚を反対されない人も増えてきました。差別がなくなる速度は増していきました。だけど、みんながそういう人ばっかりではないでしょう」

確かに部落民であることを公言している人は少ない。とりわけ有名人では皆無に近いといえる。部落差別が存在する中で、出身を公にするのは得策ではないと考える人は圧倒的に多い。

有本は以前に比べて部落差別は目立たなくなってきていることを認めつつ、徹底した同和教育が必要だという。

「部落差別は誰から教えられるかというと親、きょうだい、おじいちゃん、おばあちゃん、いわゆる身内じゃないですか。親が子供に教えていくとずっと残っていく。それに対抗するとすれば学校の教育しかない。大人になってからじゃ遅いですよ。幼稚園ぐらいでもいいからきちっとした同和教育を、できれば部落出身の先生が教えていかないと差別はなくならんのじゃないかと思いますね」

語り継がれる部落差別。その連鎖を断ち切るには部落の歴史や実態を教えていくことが何よりも重要だと強調する。

しかしながら部落出身者の中でも、部落問題を学校で教えることについては意見が分かれる。同和教育はどんな具合におこなわれているのか。近畿地方で教壇に立つ三人の部落出身教師に「自分にとっての部落問題」と「同和教育の現在」について聞いてみた。

公立中学で教鞭をとる三井明（仮名）は教員生活二十年を超えるベテランである。一度結婚したが離婚、現在は母親とふたりで生まれ育った部落に住んでいる。三井は部落出身者であるが、聴覚と足に障害をもつ障害者でもあり、被爆二世でもある。

小雨降る春の午後、自宅でインタビューさせてもらうことになった。自宅に着くと、作業の途中だった鉢植えを済ませてから話をしたいという。趣味は園芸で、軒下の階段状になった台に、数十鉢の作品が並んでいた。三井が作業を終え、私が取材にとりかかろうとしたまさにそのとき、農業高校に通う三井の教え子が訪ねてきた。高校生はときどき三井の家に鉢植えを見にくるらしかった。

「学校のことで聞きにきてはるんや」

三井は私をそのように紹介した。高校生はしばしば部落に足を運んでいるにもかかわらず、そこが部落であることも三井が部落出身であることも知らないようだった。私は「部落問題の取材に来ている」とも言えず、三人でとりとめのない話を三十分近くした。「今日はお客さんが来てるからまたおいで」という三井の言葉で、彼は帰っていった。

私は取材を始めた。三井はまずなによりも、部落出身を周囲に伝えることに否定的だった。

「今、中学校で教えとるけれども、トップクラスの成績の子に部落の話をしたところで、『やっぱり、部落はいややわ』と言う子が多いんと違いますか。だから相手の理解度とかを見ながらしゃべっていかんと、なんでもかんでも告白したらええというもんでもない。告白して自分の身が軽なんねやったら、それもひとつの手やろけどね。身が軽なるいうんはそれを負担に思てるということでしょ」

では三井自身は負担に感じているのか。

「そういうことをものすごう気にする人と付き合うとったら、しんどいでしょ。またそんな人は付き合うてくれんやろけどね。だから結果的には、そんなことはどうでもええという人と付き合うとるけどね。

私がこないして家で生活しとる分には障害者問題も部落問題もないわけです。そういう問題は人とのかかわりの中で出てくる。その影響かどうかわからんけども関心が植物の方にいってしまうんやね。まあ同じ趣味の仲間とか、さっきも来とった生徒とは付き合えるけど。で、自分に何ができるんやと考えたときに、教師やから生徒にしゃべったところで障害者問題や部落問題が解決するわけでもないしね」

わずらわしい人間関係を極力避け、もの言わぬ植物の世話をし、趣味の仲間とだけ付き合おうとする三井が、部落問題を負担に感じていることは明らかだった。部落問題を伝えることについての悲観的な見方は、学校という職場に対する抜き難い不信からきているようだった。部落差別をなくすどころか平気で部落差別発言をする管理職、まったくあてにならない組合、出世コースになっている同和教育担当、厳しくなる一方の管理教育……話を聞いている限りでは、三井が学校に幻滅する理由はわからないわけではなかった。そのような状況の中でおこなわれる同和教育に、三井は冷めていた。

「兵庫県の中学校には『ともだち』という副読本がある。そこにいろんな作文が載って て、それを読んで感想文を書かせる。一年で一、二時間あればええ方ですわ。その短い時間で何を教えるかいうたら、江戸時代に士農工商の下にエタ・非人という身分制度がありましたということ。社会科でも勉強してテストにも出る。『士農工商の下の身分は何と言いますか。漢字でもひらがなでもよろしい』という具合。

で、子供の頭の中に何が残るかいうたらね、エタ・非人という言葉だけなんやね。二年になれば現実に結婚差別に遭《お》うてどうこうなったとかいう話を読んでみたりとかね。そういう感じで中学生活は終わっていく。生徒に何が残るかいうたら、こういう言葉はおおっぴらに言うもんやないで、気ィつけないかんねんと。そういう知恵をつけとるだけやね。心の底から差別を憎むとかね、そういうのは残念ながら差別を受けた人にしかわからないでしょう。所詮、他人事やしね。そんなことよりも新しい英単語のひとつも覚えなあかんというふうになる。差別があかんとか、いじめがあかんとかは頭ではわかっとんやけどね。それは大人になっても一緒やからね……」

再び話は教師社会の閉鎖性の話に戻っていった。

差別の厳しさは当事者にしかわからない——。その言葉は、いくつもの社会的ハンディをもった三井の実感であるが、授業では原爆や戦争の悲惨さ、障害者問題の話をすることがあるという。学校教育にまったく失望しているわけではなかったが、同和教育については、伝える言葉も、方法も、いまのところ見つからないようだった。

「今はだれが部落の生徒かわからないし、自分が出身者だと言う機会もない。あったとしても面倒くさいし……。そんなこととして何になるの、お互いにね」

公立高校に二十年近く勤務する田中里美(四十歳、仮名)も、同和教育には否定的である。

田中が初めて自分が部落出身であることを知ったのは、小学校の高学年のときだった。自分が住んでいる地域を指して友達が「ガラが悪い」「あそこは違う」「悪い人間ばっかり」と噂していた。なんでそんなこと言われるんやろ? 不思議に思い、母親に尋ねた。ここは部落と呼ばれる地域で、悲しいけど私らは就きたい仕事にも就けない、部落外の人とも結婚できないんや、と母親は言った。

「そんなんやったら私を産んでくれなくてもよかったのに……」

口をついて出た言葉に、母親の目から涙がこぼれ落ちた。

母親の説明を聞き、以前にあったできごとを思い出した。友達数人を家に招待したことがあった。だが、約束の時間になってもひとりも来なかった。母親は友人宅に電話を入れ、親に懇願していた。

「娘は友達が来るのを楽しみにしてたんです。ぜひ来させてください」

結局だれも来なかった。部落の友人の家に行くことを、親たちが引き留めていたのだった。

田中にとって部落出身であることは相当なショックだった。部落という〝マイナス〟を埋めるために、小中高と必死に勉強に励んだ。民間の会社は無理でも教師の採用には差別はないかもしれない。部落差別で結婚はできないだろうから、教師になって自立してひとりで生きていこう。十代で人生設計をしていた田中は、その計画通り地元の国立大学の大学院を修了し、高校教師になった。ただ、計画と違ったのは、部落外の男性と結婚したことだった。

教師になり、部落問題を教えることが、他の問題と比較してもますます難しくなってきていることを実感している。

「一番教えやすいのは在日（韓国・朝鮮人）の問題ですね。授業は一年生で在日の歴史、二年で差別の現実、三年は国際化で締めくくる。同和教育は在日問題が中心で、部落問題も付いてるという感じ。在日問題が教えやすいというのは、在日の子が実際にいて本名を名乗ってる子がいますから。部落の子はいない。部落は以前は見えてたけど今は見えない。本当に見えない」

田中は「見えない」という言葉を繰り返した。

「十年前は生徒が作文で『部落の生活を改善しないと差別はなくならない』と書いてました。それなりに部落の姿が見えてたわけですよ。今は部落の環境も生活も変わった。私が育ったムラも市街化調整区域に入ってないところはニュータウン化して分譲住宅が建ってますから」

見えにくくなった部落問題を、あえて教える必要があるのかという疑問がある。

以前は同和教育や進路・生活指導の参考にするため、部落出身、在日韓国・朝鮮人、障害の種類・程度などの情報が、入学してくる生徒の出身中学から入ってきた。つまり、誰が部落出身かなどについて把握できた。ところが一部の教員が、生徒の個人情報を伝えることはプライバシーの侵害にあたるとして問題化し、一切そのような情報が中学校から上がってこなくなった。

「生徒の指導をちゃんとやろうという先生にとってはやりにくくなってます。ちゃんとやりたくない先生は楽してますね」

同和教育に積極的でない田中がそう語る。誰が部落の生徒かわからなければ、部落問題について話のしようもない。それだけ担任教師は「楽」ができるというわけである。生徒の指導に必要な情報を知ることがプライバシーの侵害にあたるなら、そもそも教育は成り立たないと思うのだが、その理屈が通るのだから学校というのは不思議なところである。

田中が同和教育に懐疑的になった背景には、学生時代に受けてきた教育に対する違和感がある。

「高校は進学校で、みんなエリートの卵。同和の授業では部落の人間が学校にいないことが前提のようになってましたね。使われてた教材は古くて、悲惨な状況が中心。みんなで映画見ても、貧しいムラの生活が描かれてて、自分も部落に住んでるけどこんなんじゃないと思ってた。本や映画で描かれてるのと違うというギャップを感じてました」

部落出身者がいないかのように進む同和ホームルーム。自分の生活とは掛け離れた部落像。高校の同和教育は、田中に違和感だけを残した。

教師になり、自分が同和教育を進めるにあたっては、高校時代の経験からなによりも出身生徒が教室の中で違和感を感じないような授業を心掛けてきた。部落問題で悩む生徒に「自分も同じ立場なんよ」と言うこともあったが、最近ではそんなことを相談してくる生徒はいなくなった。

「部落問題は歴史とか経済とかの学問をしっかり身につければ見えてくると思うんですよ。学校は教科の勉強をするだけでいい。何も人権、人権って型にはめて言わなくても、深く本を読んで深く考える力をつけていけば、しょうもない（つまらない）同和教育の授業を聞くよりいい小説読んだ方が目が開かれる。部落出身者も、学歴があってちゃんとした仕事に就いていれば、差別はクリアできると思います。だから生徒にはマナーとモラルを守ってほしいといつも言ってます」

生まれ育った部落では、マナーとモラルを守らない人が多かったという。同和教育に消極的な考え方をする背景には、自分が受けてきた同和教育の反動や、私は差別を学力では ね返してきた、という矜持《きょうじ》があるようだった。

当事者でありながら部落問題には冷めた目をもつ田中だが、夫はその反対で部落問題に強い関心をもっている。高校時代のクラスメートだった夫は、部落の周辺で生まれ育ったため、言葉遣いや振る舞いなどで、部落の文化の影響を強く受けていた。田中は最初、彼を部落民だと思い込んでいた。実際に私も何度か会っているが、田中が錯覚したのも十分に頷《うなず》けた。田中と同業の教師だが、納得のいかないことはたとえ上司であろうが徹底して抗議する。言いたいことを言う。その代わり出世は考えない。田中は結婚して夫の自由奔放な生き方を身近に見ることで、実力さえつければ差別を克服できる、と必死に頑張ってきた部落民としての緊張感が緩和されたという。

現在は部落外に住むが、年老いた両親の面倒を見るため、いずれ田中の故郷の部落に帰る予定だ。ふたりの子供は、母親が部落出身であること、いずれ住む場所が部落であることを、まだ知らない。

「子供に部落のことを言うか言わないか、不安はないんですよ。部落差別が見えにくくなったこともあって、この十年ほどは部落問題についてきちっと考えたことないですね。子供には言わずに済みそうな気がする。聞いてきたらきちっと話しようとは思ってますけどね」

母親の伝え方は、部落の人間は就きたい仕事に就けない、結婚したい人と一緒になれないという絶望の淵に追いやるような言い方だった。もし子供たちに言う機会があれば、自分が経験してきたような、つらい思いだけはさせないように伝えようと考えている。

同和教育に消極的な教師ばかりではない。

公立高校に勤める井上浩義（四十歳）は、同和教育の必要性を感じつつ、部落問題をどのように伝えるかを考えなければならない時期にきているという。部落出身者であることを生徒の前で言うこともある。ただし、伝える目的と内容をもった上で、である。

「出身を言うことは目的じゃない。それを言うて何を伝えるかです。生徒の前で『自分は部落出身です』って名乗ったって『ふーん。それで？』で済んでしまう。僕らの高校時代は『だから僕らのことをわかってよ』という言い方をしてたけど、もうそういう時代でもないですからね」

何を伝えたいかが明確でないと、出身者であることだけを言っても現代の若者には何も通じないという。

井上が生徒に強調するのは、果たして部落差別は自分たちと関係ないのか、関係ないと思うことと現実に差別があるのは違う次元の話ではないか、ということである。周囲に惑わされずに最後まで自分を貫き通せるか、ということも付け加える。例えばこんなふうに――。

いずれ君らも恋愛や結婚をするやろ。そのとき、対象となるのは部落の人かもしれへんし、障害者や家族に障害もってる人かもしれへん。外国人の場合だってある。その他もろもろの社会的ハンディをもった人と恋愛する可能性はゼロじゃない。そのときに自分が差別しないとか、関係ないと言うてきたことが試される。もし何か困ったことがあったら相談に乗るから、いつでも学校に来てください……。

自分が部落出身であることも、結婚する際に部落出身がネックになっていたことも話す。ふだん教室で接している教師が自分のことを話すのは、それなりにインパクトがあると見えて、生徒は少なくともふだんの授業よりは耳を傾けるという。実際、ある卒業生から結婚相手が部落出身者であるということで相談を受けたこともあった。顔が見える、というのは問題をグンと近づける効果があるようだ。

「部落出身ということは、あんまり安売りするもんやないから、いつも言うてるわけではないですよ。ただ、部落問題に関係するようなことはふだんの授業の中ではちょこちょこ言うてます。担当は国語やけど、古文なんかで死んだ牛を触ると穢れるとか、神社で穢れを祓《はら》うというような内容の文章が出てきたりする。こういうのが部落差別を残してきたんやなあ、という具合に部落問題に触れることはよくあります」

教科にもよるが、部落問題学習は、ふだんの授業でも十分にカバーできるわけである。

井上は、立場が同じ部落出身の生徒とじっくり話をしてみると、差別に対する考え方や感じ方が部落外の生徒とほとんど変わらないことを実感するという。出身生徒の多くは部落差別をごく狭い範囲でしかとらえていないのではないか、というのが井上の分析だ。

「部落の生徒は誰かに直接『お前は部落のもんや。うちの子供と付き合うな』とか『部落のもんと結婚させたない』と言われないと差別じゃないと思ってる。『うちのおばさんは結婚差別を受けて駆け落ちして……』と話してる生徒が『でも、差別はない』って言う。そういう生徒は、外国籍の生徒が日本名を名乗ってても、スカートの丈は何センチ以内とか言われても、何も考えない。

かつてはこういう悲惨な差別があった。祖先の怒りを感じ取って、力強く生きてほしいと教えてた。ところが部落の子にもそれが伝わらなくなってる。自分がわずかでも被差別の体験があるならその延長線上で被差別の痛みを想像できるけど、被差別体験がないと言い切ってしまう子が圧倒的に多い中で、話が空回りしてしまうんですよ」

部落出身の生徒でさえ、自分の問題や差別問題に鈍感になっているのだから、それ以外の生徒は推して知るべしである。

同和教育は、授業の中身、進め方が問われる時代にきている。最近では人権啓発の分野に「参加型体験学習」が普及しつつある。教師が一方的に知識を与えるのではなく、生徒や参加者が積極的に発言・表現することで問題をより身近に感じてもらおうというのがその狙いだ。

井上は自身も啓発団体などが主催するセミナーに参加して、その手法を授業で実践してみた。例えばこれまで就職差別というテーマでは、部落地名総鑑事件や採用差別について資料を配り、説明するパターンが多かった。井上が自分で考え、参加型体験学習の手法を借りて試みた授業は、例えばこんな具合である。

まずクラスを班分けし、各自が企業の面接官になったつもりで、カードに面接で質問したいことを書かせる。さらに班で話し合い、面接で聞いてはいけないと思う項目を取捨選択させる。その際、最も聞いてはいけないと思うカードから順に模造紙に貼り付ける。次になぜその項目が適切でないのかを班で話し合い、班ごとに発表させる。班単位の行動は、クラスメートがどんなふうに考えているかを知るためである。その後、「結婚しても仕事を続けるか？」「家族構成は？」などは質問として妥当かどうかをひとりひとりに考えさせ、意見を聞いてみる。教材は、部落問題だけではなく、その他の差別をも含む内容になっている。最後に統一応募用紙作成の取り組みを紹介する。就職の際、以前は企業が本籍地などを書かせて部落出身者であるかどうかを調べていた。近畿の高校は、それらの採用差別に反対し、独自の統一応募用紙を作成した。その取り組みをまとめに使うことで就職差別がどんなものであったのかを学ばせる。

従来の授業であれば、教師は統一応募用紙の説明から始めていた。井上の授業では、生徒に考えさせることに重点を置いた上で自分の考えを表現させ、同時に他人の意見にも耳を傾けさせる内容になっている。

参加型体験学習の手法を導入し始めてから、生徒たちは何が差別につながるのかを自分の頭で考え始めた。「先生、今度は何するん？」と次回の同和ホームルームを楽しみにする生徒もいて、評判は悪くない。ユニークな方法を聞きつけて、他校からも問い合わせがあるという。井上の授業が成功しているのは、新しい学習方法やマニュアルに頼るだけでなく、自ら教材を工夫しているからだろう。

「たいがいの生徒は『自分は差別することはありません』と思ってる。そういう子に部落問題を語りかけるときに、どこまで届くんかな、というのはある。だから、いろんな手立てを使ってやってみないと、教師が熱っぽく語るだけではあかんと思う。もちろんそれで揺さぶられる子もおるねんけど。とっつきやすい雰囲気と仕掛けさえつくったら、生徒は決してシラケてないですよ。

参加型は、教師が一方的にしゃべる今までのやり方よりは効果はありますね。まずホームルームの雰囲気が違う。先生が顔をこわばらせながらしゃべってる。教室がシーンとしてて、生徒はひたすら時間が過ぎるのを待ってる。そういう雰囲気ではなくなってることは確かです」

参加型体験学習の隆盛は、これまでの同和教育がいかに生徒を授業に参加させていなかったかを物語っているといえよう。同和教育のマンネリ化、形骸化が指摘されて久しいが、井上の試みは、授業の進め方によっては自分自身や身の周りを見直すきっかけになり得ることを示している。逆にいえば、伝えるべき内容と工夫がない同和教育は、あまり効果を生まない、ということである。

部落差別が見えにくくなったいま、同和教育もまた、何を伝えるかで歯切れが悪くなっている。しっかりとした問題意識をもった上で授業を工夫しなければ生徒はついてこない。

三人の教師の話を聞いて、実際に同和教育の授業を見たくなった。

一九九八年（平成十年）十月。兵庫県のある県立高校の三年生の授業を見学させてもらった。同校では各学年で年間六時間、同和ホームルームがおこなわれている。三年生（当時）は一年生で「身近な差別」として在日韓国・朝鮮人問題と障害者問題、二年生で部落の歴史、最後の年は三年間の締めくくりとして部落問題における結婚差別がテーマになっていた。

私が見学したクラス（三九人）の担任は、学年の同和教育担当でもある今井豊教諭（三十六歳）。社会科の先生で、三冊の句集を出している文人でもある。

「授業に来られたらびっくりしますよ。ふだんから授業はガヤガヤしてますから。ほんとにびっくりしますよ」

電話でも、実際会っても、しきりに恐縮していた。

金曜日の六限。「起立！　礼！」というクラス委員長の掛け声で授業が始まった。

授業の前半は、前回の同和ホームルームでとった結婚差別に関するアンケート調査の結果を今井が読み上げる形で進行した。

「あなたが部落出身者でないとして、好きな人が出身者だった場合どうしますか？」という問いに「結婚する」が二七人、「結婚しない」が一人、「そのときにならないとわからない」など「その他」が五人となっている。

「親はどうすると思いますか？」という問いには「賛成するだろう」が一五人、「反対するだろう」が七人いる。

部落出身者との結婚を忌避する高校生は圧倒的に少ないが、反対すると予想される親が少なくないことがアンケートから読み取れる。高校生をもつ親というと、年齢は四十代が中心になるが、その年代で結婚を反対すると予想されるのが三九人中七人という数字は、私の想像を超える数字だった。

前回のホームルームでは、結婚問題に関する資料が配られた。隣接する都市の広報誌に載った女性の投書である。内容は次の通りだ。女性が部落出身の男性と知り合い、結婚話になる。女性の母親は、「あなたはいいけれど、生まれてきた子供が悩む」と反対する。男性は彼女の家に出向き、両親に出自を告げる。ところが反対すると思われていた女性の父親は、意外にも「家柄」に対するこだわりはなく、ふたりは婚約に至る、という話である。

今井はアンケートで生徒に次のような問いかけをした。

「あなたが投書をした人の友人であるとして、もし親が結婚を反対したままだったらどのようにアドバイスしますか？」

この問いに対して次のような回答が寄せられ、この日、紹介された（いずれも原文のまま）。

「今は考えるよゆうがない！　ごめん」

「本当に好きで、どんなことでも耐えられるのなら応援するけど、中途半端な気持ちならすすめません」

「何も考えずつっぱしれ。それができないなら、その程度の愛情だということ」

「私は好きな人だったら誰であろうと結婚できると思う。世の中には（例えば）病気とかで結婚することも、恋愛することもままならない人だっていると思う。だからどこの出身だろうと好きな人と結婚できるなんてそれだけで幸せなことだと思う」

「私は部落がどの地域なのかも知らないし、なぜその地域（部落）だからって差別されているのかわかりません」

「これからは私達の世代がなくしていかなくてはいけない。……というよりも、部落差別なんかあることじたい知らなくてもいいと思う」

「なんで今になってそういう部落がでてくるのか。今になって部落なんか関係ないと思う」

　他校の同様のアンケート調査などを見ても、出てくる意見はだいたい同じで、そんなことは気にするな、部落問題を知らない方がいいという意見が目立つ。このアンケートを教材にして生徒が意見を出し合えば面白い授業になると思うのだが、その雰囲気ではない。今井によると、アンケートには自分の意見を書くのだが、クラスの中で自分の意見や本音を言うのには抵抗があるという。いきおい教師が一方的にしゃべることになり、生徒は「聞く側」にまわるという悪循環に陥ってしまう。顔の見えないインターネットの普及が頷ける話である。

授業では、教師の言うことを聞いている生徒もいるが、後ろ向きになって友人と話に興じる者や机にうつぶせになって眠りこむ者もいる。教室は波が押し寄せるように騒がしくなり、ときどき今井の活が入る。

授業開始から三十分。

「この資料を、家に帰ってうちの嫁さんにも見せました」

今井の言葉に教室が沸いた。

「アットホームな家庭ですけどね」

数人の生徒から「ヒューヒュー」と声が掛かる。今井は、数ヵ月前に結婚したばかりだった。

「嫁さんと言わんと、名前で言うてよ。名前なんて言うの？」

授業にはあまり熱心ではなかった男子生徒が勢いづいた。

「なんでお前ら、突然元気になるねん……」

今井はほんの少し照れたあと、本題に戻った。

「嫁さんに見せたら『もし私が親で子供の交際相手が部落出身だったら、とりあえず反対するやろな』と言うてた……」

「先生、それ嫁さんわかってないわ」

さっきの男子生徒がすかさず反応した。

教師とその生徒のやりとりに生徒の関心は集まった。授業で最も盛り上がった時間だった。

今井が身内の話を出したのにはそれなりの狙いがあった。自分の家庭を題材にすることで生徒の関心をひきつけようとしたのだった。実際、生徒は顔を上げ、教師が何を言うか注目している。今井によると、ただたんに差別はいけませんという建て前を言うだけでは生徒は何の関心も示さないという。

隣接する市の広報誌という身近な教材を用意し、生徒の意見をまとめ、こんな意見がある、とさらに生徒に還元する。その労力たるや相当なものである。

「そっから先が難しいですね。だれだれはこう思ってるんやなあ。そこから生徒の思考が深まらない。問題を投げかけた程度で終わってるかな……」

後に今井はこの日の授業を振り返り、こう語った。

「おーい、エタ！」

同和ホームルーム後の清掃の時間に、三年生の男子生徒が廊下で大声で友人に呼びかけていた。たまたまそこに居合わせた今井が、「それ、どういう意味で言うてるんや。いま部落差別のことを勉強したばっかりやろが」と注意した。生徒は逃げるように去っていった……。

その生徒の問題発言があったすぐ後に、私が今井から聞いた話である。同和教育消極派の中学教師の三井明は「同和教育をやっても生徒に残るのはエタ・非人という言葉だけ」と言ったが、まさに現実だった。そんな生徒ばかりでないことはいうまでもないが、教えられた知識が悪用されるという同和教育の危険な一面である。

授業を見学した日の放課後、今井が声を掛けた男女六人の生徒に社会科教室に集まってもらった。クラスはばらばらでお互いのことはほとんど知らない。今井が用意したショートケーキとジュースの〝特典つき〟で、部落問題についてどう考えているのか、その日の授業の感想などを自由に語ってもらった。

中学時代にいじめられた経験をもつ女子生徒が口火を切った。

「私は部落がどこにあるかも知らない。部落の人とわかったところでどうってことない。でも母ちゃんは部落差別する。私は差別する感覚がさっぱりわからへん。誰が部落の人なんか、言わへんかったらわからへんし、知らん方がいい。知らんでよかった。知ったからといってどうするわけでもないし。でも今日の授業聞いてたら、私も絶対ああなる（母親に結婚を反対される）と思った。私の将来を見てるみたいや。でも親は説得できる。なんとかなると思うわ。だって差別する方が間違っとる。どうしてもあかんかったら子供産んで連れていったら喜ぶわ」

母親はまだ四十二歳で、部落問題を除けば理解のある親だという。母親は差別的だが彼女に不安はない。孫の顔を見せたらどうにかなる、ときわめて現実的に考えている。

「うちは別に親は相手が部落かどうか調べたりせえへんし……」

別の女子生徒が言った。

「いざとなったら、わからへんでー」

人気グループSMAPの香取慎吾に似た男子生徒が楽観論に疑問をさしはさんだ。彼は身近に部落差別を感じている。

「俺んとこは家が喫茶店やってて、部落の子がアルバイトに来てる。で、近所のおばちゃんらが『あそこ、部落の子を雇てるらしいで』って言うてたらしい。差別するのになあ、理由はないねん。感覚やねん」

香取慎吾は、日常にある部落差別をよく観察していた。

「部落って、どうやって調べるの？」

女子生徒の素朴な疑問をきっかけに、生徒同士のやりとりが続いた。

「探偵がおるんや」

「調べたりする人って、多分暇なんや」

「なんでそんなことするんやろ？」

「暇なおばはん世代が消えたらいいねん」

「でも、私らもそういう世代になったら同じことやってまうで」

「だから学校できちんと教えなあかん」

香取慎吾がうまくまとめた。言った後、自分に照れたのか「ええこと言うてもた」と付け加えた。

部落問題は親以上の世代の問題だ、と主張する生徒がいる一方で、親と同じことをやってしまう危険性を憂慮する者もいる。

それまで黙っていた女子生徒が私の指名でようやく発言した。

「私は三歳のときに部落に移り住んだ。小学校から部落のことは地元で勉強してきてたから、知らんかったらよかったとは思わへん」

「部落に移り住んでどんなこと感じてる？」

私は質問した。

「前はどんなとこに住んでたか覚えてないから比較はできひんけど、引っ越してきて部落差別を体験したことがある。小学生のときにバレーしてた。試合のときに相手チームの親が『むかし差別されとったとこに負けたらあかん』て言ってたという話を聞いた。ふだんは別に何とも思ってないけど、そのとき自分も差別されると思った」

部落に移り住んできたという彼女は、差別されるかもしれない立場を実感しているようだった。

「部落の人は凝り固まってる人いてるんですか？」

香取慎吾が以前から疑問に思っていることを口に出した。部落民が部落にこだわることによって閉鎖的になっているのではないか、という趣旨だった。

「うちのばあちゃんは『わしらは部落のもんや、という意識があるから差別される』て言うとった。俺は、部落の人であっても、ここが嫌いというのはあるで。そやけど部落の人やからみんな嫌いというのはない」

祖母は部落に対して差別意識をもっているようで、よく口論になるらしい。

「年寄りはなんぼ言うても聞かへんわ」

議論しても、おばあちゃんの考えはなかなか変わらないようだ。

「部落のことなんか勉強せんでええようになったらええんや。だから同和教育は要るんやろ？　また、ええこと言うてもた」

香取慎吾が再び自分で自分にツッコミを入れ、みんなを笑わせた。

教師や取材者がいるからか、あるいは教師推薦の生徒が揃ったせいか、さすがに部落問題なんかどうでもいい、という意見は出なかった。それでも「部落の土地は安いん？　ほなら今買《こ》うとって、高くなったときに売ったら儲かるんちゃうん？」などという大胆な発言も飛び出し、素朴な疑問や意見が出た。

十代の若者は、総じて部落差別に対してはあっけらかんとしている。たとえ周囲の雑音が入ろうと自分を貫き通せる者がいることもわかった。部落差別をはねのけることができるかどうかは、部落問題に関する知識の有無だけではなく、周りの言いなりになりやすいかどうかなど、本人の性格や意志によるところが大きいと言えるだろう。問題は、周囲にまどわされない若者がどれだけいるか、ということなのだが、今井は「部落問題なんか気にしない、関係ない」と言い切る生徒が増えつつあるのを新しい感覚と評価しながらも、まったく不安がないわけでもない。

「部落問題は自分とは関係ないという生徒の意見は、今のところは関係ないという前提で言ってるわけです。でも何かのきっかけで知ったり、関係してくると『関係ない』と言ってたのが変わってしまう怖さがある。僕が教師を始めた十二年前は『差別はなくならない』という生徒は圧倒的少数派だった。今は少数派と言えない。増えてきたな、という実感はあります。『自分には関係ない』という生徒はまだいいんです。まったく見向きもしない生徒が出てきてますからね」

部落問題への無関心は、他者への無関心という限りなく裾野が広い現代的な問題が土台にある。だが、無関心は生徒だけの問題ではない、と今井は指摘する。

「今まで同和教育・人権ホームルームは部落問題がメインだったけど、もっと広く人権問題をやらなあかんということで、いじめ、エイズ、女性差別もテーマになってきた。その結果、部落問題が自然と地盤沈下してるところがありますね。そのことに危機感もってる教師と、部落、部落ばっかり言うてでもあかんという二通りの教師がいてるんです。でも一番多いのは無関心層なんですよ。担任やから義務でやってる、できることならこういう問題は避けて通りたいという教師は多いですよ」

無関心は生徒だけではなく、学校全体を覆いつつあるようだ。

部落問題を知ることで何が見えるのか。ひとりの若者の例を紹介したい。

高知県出身で精神障害者の作業所指導員、宮本竜（二十六歳、仮名）は、高校生のときは部落に反発を感じていた。同和ホームルームでも「部落の人たちは差別されたくなかったら一生懸命勉強したらいい、真面目にやらへんから差別されるんじゃないですか」と言って、教師を困らせていた。

大阪市立大学に入学後、語学が一緒だった友人に誘われるまま部落問題研究会に顔を出した。部落問題論を受講し、刺激を受けていたこともあった。気が付けばいつの間にか部員になっていた。きっかけをつくった友人は、クラブは自分の思っていた路線と違うという理由で夏頃に退部した。

「間違って入ったようなもんです」

宮本はそう言って笑った。

クラブに部落出身の先輩がひとりいた。散髪屋であれどこであれ、部落の悪口を耳にするたびにドキッとする。そんな話をしてくれた。部落の人間が真面目にやったら部落問題は解決するんやろか。宮本は自分の考えを問い直し始めた。

宮本がクラブ活動をする上で悩んだのは部落出身者ではないという立場だった。

「一回生のころは出身者じゃないというコンプレックスがありましたね。立場を問われんで済みますから、なんぼ出身者やったら楽やったかと思ったこともありました」

部落出身者が出自にコンプレックスをもつことはあるが、宮本の場合、その逆である。振り子が端から端に揺れるように、部落問題は部落の側の問題であると思っていた高校時代から一転し、いかに部落の立場に立つかが課題となった。一緒に活動しよう、部落差別に反対しようと学内の出身学生に声をかけるが言い返された。

「あんたは部落の実態を知っているのか」

「自分の思いは出身者以外にはわからない」

「出身者じゃないからクラブやれるんや」

そう言われると、次の言葉が出てこなかった。

学習会の開催や学内で起きた差別事件を知らせるビラをつくって配る。授業で部落問題が他人事ではないことをアピールする。そんな生活を続けていて「俺、なんでこんなことやってんねやろ……」と、ふと思うこともあった。秋におこなわれる学園祭では屋台を出すのが恒例になっているが、部落問題を考える意味がわからなくなり、逃げるようにふらりとひとり旅に出たこともあった。

出身学生に対してあったコンプレックスは、学内で活動を続けることでかろうじて相殺《そうさい》していたが、そのうち自分にしか伝えることができないメッセージがあるのではないかと思い始めた。

「部落出身やけどフラフラしてる奴より、部落差別なくすのに貢献してるのは僕やと。それに出身者でない立場から言えることがある、説得力をもつということもわかってきたんです。部落差別を残してきた側が反対してるっていうことに意味があるんであって、僕が部落民になったらかえって面白くないんですよ。被害者側が声を上げることも大事やけど、加害者側が声を上げて通じる部分もあると思う。何も被害者になりきることはないと思うようになりましたね」

出身学生でない面白さが見えてきたころ、部落問題を伝えるという難しさも痛感した。大学に在学していた六年という期間をとっても、学生の質が変わったという。

「部落問題論の授業でも、なんで受講生はこんな無気力なんやろと思う。後ろの方の席で漫画を読んでたり、議論には加わらない方がかっこいいと思ってる。意見を言ったり行動することがかっこ悪いという雰囲気がだんだん強くなってますね」

学生の無関心は、兵庫県の高校教諭の今井豊の話とも重なる。私は宮本の言葉を確かめるべく、モグリの学生となって部落問題論の授業を聞きにいった。授業開始三十分で約三〇人の出席者の三分の二が熟睡状態に入った。宮本が言うように後ろの席では漫画を大量にもち込んで読み耽《ふけ》っている者もいる。どうやら多くの学生の目的は、授業の最後に配られる出席カードのようだった。

宮本がキャンパスの中で訴えようとしたのは、部落問題の存在と部落差別に対する姿勢である。

「部落出身者で個人の名前が浮かぶ人はそんなにいないでしょ。でも浮かばなくても周りにいる、差別を感じてる人がいる。社会に出たら自分が差別を助長するのか、なくしていく方向にいくのか、部落問題を少しでも頭におきながら考えていってほしいと思うんですよ」

彼の言葉を聞きながら私は、俺も同じようなことを言うとったなぁと、青臭かった大学時代を思い出していた。部落出身者でない彼の場合、学生に向けたメッセージは、自分に言い聞かせている言葉でもある。

無気力な学生が増える中でも、部落問題に関心をもってくれる学生もいた。クラブの後輩もでき、自分の存在、発言が少なからず人に影響を及ぼすことを実感するようになった。

「以前は人は人、自分は自分というところがあった。結局、人は変わらへん、何やっても無駄やとか。そういう考えはなくなったと思う。そんな寂しいもんじゃないって思えるようにはなりましたね」

悩み、考え続けたキャンパスで見つけたのは自分だった。学生が変わる中で、一番変わったのは宮本なのかもしれない。

同和教育のさしあたっての目的は、部落の歴史や現状を学ぶことで部落に対する偏見と差別をなくしていくことであろう。ところがえてして部落差別の悲惨さや劣悪な生活実態を強調するあまり、部落や部落の人に対して「かわいそう」に代表されるマイナスイメージを広げる結果を生むこともあった。

章の冒頭で紹介した裕次の父親、山本一郎は同和教育の難しさについて次のように話す。

「以前は部落の歴史を教えて、こういう苦しんでる人がおるという形でやってきた。生徒を見てても、下向いて静かにしてるけど何を思て聞いとんかなぁと考えながら教えてた。実際生徒に聞いてみたら鬱陶しいとか暗いとかね。僕自身も暗い、陰気なイメージでやってきた。マイナスイメージを与えてきたかなという疑問はあったんですよね。ただ、それではいかんいいながら、じゃあ何するねんと言われると、わけわからん状態で……」

悲惨な差別の実態の強調が、あたかもすべての部落の現実であるかのような印象を与えてきた。悲惨であればあるほど生徒の心を揺さぶることができ、しかも教えやすかった。ひとりひとりが違う表情をもった部落の人々の顔が、悲しい色の絵の具で塗りつぶされてしまう。これからの同和教育は、これまで強調してきたマイナスイメージを払拭していくことが大きな課題になる。

約二十年の教師生活を経た山本は、生徒や部落出身の妻と対話しながら、ようやく自分なりの同和教育をイメージできるようになったという。

「僕は部落差別がなくなるんは、もうちょっとの努力なんやと言うていく方がええんやないかと思てるんです。授業ではとにかくそのへんを言うんですよ。以前に比べて差別はかなりなくなってきてる。だからお前らの時代に絶対なくなるんや、なくさなあかんのや。そんな話をすることにしてるんですよ」

部落の生活が向上し、以前よりは差別が改善されたいま、同和教育は最後の詰めの段階にきている。

部落民にとって、差別を受けるかどうかはまったく予測できない。一方、若い部落外の人々も、差別はするつもりはないが、絶対しないとは言い切れない弱さをもっている。確かなことは、部落問題を伝えるにしても伝えないにしても、私たちはそのような不確実な状況を前提にしている、ということだ。

初めて同和教育を受けた生徒の中には、必ずといっていいほど、「部落や部落差別の存在を知らない方がよかった」「誰が部落民か知ったら意識してしまう」という意見が出る。裏返していえば、部落に関してほとんど知識がない若者も、部落や部落民の存在を知ることで、自分に問題がふりかかるかもしれない、重荷になるかもしれない、と感じている。だが、現実に部落も部落差別もある。地域によって事情は異なるので、結局のところ部落問題をどのように伝えるかは、地域の状況に応じて親や住民、そして教師が考えていくしかないのだろう。

部落民が必ずしも差別に出会うとは限らない時代になりつつある。だが、私たちはなんらかの形で部落問題と出会う。それは部落民であるかもしれないし、誇張されたデマや噂であるかもしれない。そのとき、どんな知識をもっているかによって対応は違ってくる。人は噂に惑わされることが往々にしてある。大事なことは、日本社会が部落差別を残してきた事実と、いまある部落や部落民の姿をありのままに伝えていくことではないだろうか。

# エピローグ

大阪の南部・富田林《とんだばやし》市内の駅前にあるミスタードーナツ。福嶋ひかり（二十七歳）がアイスコーヒーを一口ふくみ、煙草に火をつけた。

私の質問に彼女が短く受け答えし、また私が問いかける。話がはずまない。部落問題をテーマに取材をしていて、考え込むのはたいがい取材を受ける側である。自分にとって部落はどんな意味があるのか、などという質問に、私を含めてそう簡単に答えられるわけはない。だが、彼女の場合、一言で済んでしまうのだ。どんな意味が？　と問えば、即座に「ない」。差別を受けた経験も？　と聞けば「あー、ないな、ハハハ」。次にどんな質問をするか、私の脳はフル回転を余儀なくされている。

店内にはかなりむかしに流行ったロックミュージックが流れている。赤ちゃんを連れた母親がドーナツを食べ、女子高生がかき氷をほおばっている。夏の強い日差しが射す店内で、悩みひとつ感じさせない彼女に、こともあろうに部落問題について話を聞いていることが何やら嘘のように思えてくる。彼女が答えてから私が問いを発するまでの間《ま》が次第に長くなる。

取材を始めて二十分。

「これは取材にならへんなあ……」

私は思わず口走り、苦笑いした。彼女もつられて笑っている。

萎えそうな気持ちを奮い起こし、取材を続けた。

――もう一回聞くけど、部落に生まれたということは、どうってことないんかな？

「うん、ないと思う」

――中学、高校で部落差別の現実とか勉強したんちゃうん？

「自分は差別を受けたことないし、周りの人もそんな経験なかったからわからへん。そんなんあったーんって感じ。ハハッ」

――同和教育を受けたことをどう思う？

「ていうか、あって当たり前やったから、それも授業のひとつかなあ、という感じで」

――出身者として授業はいづらかったとか？

「ない」

――そんな授業をするから差別が残るんやとか？

「ないない。別になんにも思わへん」

三年前に取材した際、彼女の友人が結婚差別を受けたことがあると言っていたのを思い出し、水を向けてみた。しばらく考えこみ、ようやく思い出した。

「あー、はいはい。あったあった。え、それが何？」

——今度は自分が差別を受けるかもしれへんと思わなかった？

「思わへん、ハハハ」

——恐怖感みたいなものもなかった？

「ない」

——自分はそういう経験がないけど、ほかの人にはあるというのはわかる？

「それはわかる。でも自分のことではない」

彼女には部落問題を、友人や共同体という枠組みで考える発想がない。あくまでも「私」という枠の中での問題である。部落問題解決の指標のひとつが、出身者がそれを意識しないことであるとしたら、彼女の場合、すでに解放されている。しかも完全解放である。ああでもないこうでもないと考えている私などは、いまだに解放されていない煮え切らない部落民なのである。

福嶋は高校を卒業後、地元のスナックに八年間勤め、結婚を機に退職した。この日に会った時点で妊娠六ヵ月だった。生まれてこの方、地元を離れて住んだことがないが、そもそも知らない土地に住んでみたいと思ったことがないという。友達がここにいるし、住み慣れているから、というのがその理由だ。中学生のころから今に至るまで、現実逃避と好奇心から「ここではないどこか」で暮らしてみたいと切に願っていた私とはまるで正反対である。彼女の場合、部落の外に出たいと思わないのは、同和対策事業による低家賃住宅に住めるのが魅力だからという。だが彼女は、差別を受けているわけでも生活に困っているわけでもない……。

――なんか変やない？

「変なことというより、ええことやなあと思う。安かったらいいやん。フフフフ」

――ある意味で変やんか。差別も受けてないし、何の損もないわけやろ？

「だから安いのはいやなことじゃないやん。アハハハ。自分にとってはいいこと」

――ということはムラに生まれてよかったなあと思う？

「思う。ほんま」

――それは家賃が安いから？　それとも住み慣れてるから？

「住み慣れてるところがたまたま家賃が安いからよかった」

同和対策事業が進んだ部落は、差別さえなければ少なくとも住居に関しては住みやすい街である。部落差別を受けたことも考えたこともないという彼女にとって、部落は比喩でも皮肉でもなく、パラダイスである。低家賃住宅に住めるから部落に生まれてよかった、というあまりにも率直な意見を聞き、部落と差別が不可分に結び付いていた私の頭は、びっくりマークとクエスチョンマークでいっぱいになった。気を取り直し、妊娠している彼女に質問を続けた。

——もうすぐ子供が生まれるけど、子供の将来に不安を感じることはない？

「ない。自分も不安なく育ってきたから、別に何もないんちゃうかなー」

——子供に部落のことを教えようと思てる？

「教えた方がええんちゃうかな」

部落問題に対するこだわりがない彼女にしては意外に思えた。

——なんで？

「そこに住んでたら知ってやな（知ってないと）あかんのちゃうかなあ」

——なんで住んでたら知らなあかんと思う？

「えー、あたしに質問されても困るやん。ていうか、学校とか地域で自動的に習うんちゃうかなーていうこと」

正直に告白すれば、私は異星人と話をしているようだった。おそらく彼女も私をそう見ていただろう。部落問題に関して「今あるもの」を疑うこともなければ「これから」に不安を感じることもない。彼女には被差別の現在形も未来形も存在しない。大正時代に部落大衆が差別に抗して立ち上がった水平社運動や、差別に徹底して抗議した糾弾闘争も教科書の中の世界で、「なんか聞いたことある」という程度の遠い昔の出来事でしかない。自分が生活している住宅が被差別の歴史と無関係ではないという事実も意識することはない。

取材を終え、最後にこの本に名前を出していいのか確認した。

「うん。なんで？」

彼女は私が何を言いたいのかわからないようだった。

「いいんちゃうん？　なんで？」

にこやかな顔で私に尋ねる。いや、部落出身を人に知られたくないから仮名にしてほしいという人が多いよ、と私は説明した。

「あ、そうなん。いや別にいいよ。別に悪いことしてへんし。アハハハハハハ」

いかにもおかしそうに笑う。彼女につられて私も笑った。少しひきつりながら。説明してもなお、名前を出したくないという人の存在が彼女には想像できないようだった。

差別を経験していないから部落問題はわからない。部落は家賃が安いからいい。名前を出すことに何の抵抗もない。そう言ってはばからない彼女は、果たして部落民なのだろうか……。帰りの電車の中で私はそんなことを考えていた。水平社も糾弾も被差別の歴史も風化しようとしている。もはや「被差別部落民」ではなく「非差別部落民」と言い換えるべき時代がきている……。

部落は確実に変わってきている。何よりも説得力をもってそう感じさせたのが、ほかならぬ彼女だった。

「あなたにとって部落はどういう意味をもちますか？」

一〇〇人以上の部落出身者や関係者に私は問い続けてきた。他人に問う以上、私自身についても述べなければならない。

すでに書いたように、私は部落差別を直接受けた経験はない。モノにもよるが、愉快犯による差別落書きなどの類は腹も立たない。就職も結婚も経験したが差別とは無関係だった。本人の与《あずか》り知らないところで差別されているということはあり得るにしても、「私」という領域に限っていえば、「被差別体験？ ないない。ハハハハ」と豪快に笑う福嶋とまったく同じである。

とはいえ、私は今後なんらかの形で部落差別にぶちあたるかもしれない。そうなってもちっともおかしくない世の中だとも思う。だが、それでつぶれるようなやわな存在でもない、と自負している。なぜなら、私なりに考え続けてきたからである。差別は人の命をも奪う、だから部落差別は厳しいという。第一義的には差別した側に問題があるのはいうまでもないが、死をもち出して部落差別の厳しさをいうのはどうかと思う。死に至らしめた周囲の責任や本人の「弱さ」はどうなのか。その「弱さ」が何に起因しているのかが議論されないまま差別の厳しさだけが強調される。

かつては、部落に不利益なことは部落差別である、と言われた時代があった。だが、そこから生まれてくるのは被害者意識と社会に対する憎悪だけでしかない。なんでもかんでも差別に結び付けようとする考え方に距離をおきながら、私は自分なりに部落問題を考えたいと思っている。

少し気取って言わせてもらえれば、私にとって部落とは、自分自身を映し出す鏡である。その鏡は、部落から逃げようとしたり、距離をおいてみたり、はたまたその立場を利用しようとしたり、被差別者であるにもかかわらず他者を差別しようとする私の姿を浮かび上がらせる。私の姿の後景には、人が部落を、そして私をどのように見ているのかが見えることもある。

部落は人間や制度を考える鏡でもある。歴史と現代がどのように結び付いているか、差別はいかに人を暴力的・反社会的につくりかえるか、被差別者がそれをはねかえしていくことでいかに強くなれるか、抗議・啓発行動がどのように社会を変えるのか、行政の援助がいかに甘えを生むか、「被差別者」の前で人はどのように媚びへつらい、弱者は尊大になっていくか。部落問題はそれらを多面的に見せてくれる。

あるいはまた、部落は日本社会の縮図を映し出してもくれる。部落を構成する人材は多彩である。閣僚、官僚から芸能人、スポーツ選手、経済人、ジャーナリスト、ヤクザ、右翼、左翼にいたるまで、ありとあらゆる職業、思想、行動を包みこむ。これほど多様なマイノリティは他に例がないといえるのではないか。

とまあ自分の関心や理屈を並べて格好をつけてみても、所詮はその立場を楽しんでやろう、そうせな損やという助平根性でしかないのかもしれない。以前に取材した同じ年頃の同じ立場の男性に、真剣な表情でこう言われたことがある。

「そんな問題ばっかり取材してるっちゅうのは、なんかマインドコントロールされてるんでっか?」

地下鉄サリン事件でオウム真理教信者の容疑者が次々と逮捕されていたころの話である。私は「はい」とも「いいえ」とも言えず、ただ苦笑するしかなかった。まあ、世間の見方も大方こんなものだろう。確かに私は、部落という小さな箱の中であれこれ考え、戯れているだけなのかもしれない。だが、自分自身や社会を映し出す部落という鏡をもつのも悪くないではないか、と最近は開き直ることにしている。

ドキュメンタリー作品を数多く手掛けた映画監督の亀井文夫は、一九六〇年(昭和三十五年)、部落差別をテーマにした『人間みな兄弟――部落差別の記録』を完成させた。自作を解説した著書の中で、当時取材した部落について亀井は次のように述べている。

――ぼくが部落差別を扱ったドキュメンタリー映画『人間みな兄弟』をつくったのは、ちょうどソ連が人工衛星をうちあげて、みんなが人間の知恵のすばらしさに酔いしれていた頃だった。空には人工衛星、地上にはいまだに「部落差別」がなまなましく温存されている現実……。こんなことで、文化が進化したといえるだろうか？　人間は恥ずかしくないのだろうかといった感じの映画にしようと考えた。

はじめてはいった未解放部落は、京都の繁華街のすぐ裏手にあるだけに、そのコントラストは極端で、強い印象をうけた。せまい路地には老朽家屋と人間とお地蔵さまが密集していて、生活のにおいがただよっている。屋根瓦が、ずりさがってきている。腐った軒先から、半分落ちかかった瓦もある。案内してくれた市役所の人は〝不良住宅〟という言葉を使っていたが、〝危険住宅〟といった方があたってると思った。市の吏員《りいん》は、ここらはすぐ取りこわしになって、鉄筋コンクリートの白いアパートが建つのだと説明してくれた。

ある路地で、ひとりの男が市の吏員をつかまえて、いつになったら便所をたててくれるのか、と催促していた。大概の路地には、共同井戸と共同便所があるが、ここの路地では四六人にひとつの便所しかないのだといっていた。（『たたかう映画――ドキュメンタリストの昭和史――』岩波新書）――

四十年前には多くの部落にあった〝危険住宅〟は改良住宅にかわり、路地や共同井戸、共同便所があったことさえ想像できないほど部落は変わった。亀井がいう「生活のにおい」も消えて久しい。

部落と部落差別の何が変わり、何が変わらないのか、という問題意識から、私の取材は始まった。亀井が見た状況から、部落は大きく変わった。今では環境や生活が変わったのに、低家賃住宅などでいまだに同和対策事業の恩恵を受けるのはおかしい、という批判が説得力をもつまでに至っている。大阪の部落では、低家賃住宅の値上げを自ら申請する地域も出てきている。亀井は同対事業が始まって約二十年後の一九八七年（昭和六十二年）に鬼籍に入ったが、変貌した部落をどのように見ていたのだろうか。

部落の生活は、例外はあるものの、この四十年で人並みかそれ以上になったということはできるだろう。多くの若者は被差別経験をもつこともなく、また部落民であることを意識しなくなっている。その意味でも部落は確実に変わった。

だが、部落の外に目を向けてみると「差別はなくなった」と単純には言えない。結婚差別はなくなってきているというものの、地域によってはまだまだ根強いと言わなければならない。就職に関しても、部落出身者であることを問題にする企業も存在する。差別する側にとっての部落は、いまだに「私たちとは違う」「一緒にされては困る」存在なのである。部落は変わったが、宇宙で有人飛行がおこなわれる時代となったいまも、部落に対する見方が変わらない人たちがいることも確かである。文化が進化したといえるだろうか？人間は恥ずかしくないのだろうか、という亀井のつぶやきが聞こえてきそうである。

何十ヵ所かの部落を訪ね、いろんな職業、考え方、感じ方をもつ人に会った。改めて感じたのは、地域によって部落が歩んできた歴史も現状も、まったく異なるということだった。地域によっては部落産業をもち、人づきあいの仕方や言葉づかいまでもが違った。また、世代によっては被差別体験や考え方もまったくといっていいほど異なっていた。部落で育たなくても血縁関係から差別を受け、部落民であることを意識させられる人もいれば、部落に住んでいても差別を経験したこともなければ部落民であることを特に意識しない人もいた。差別に対して積極的に闘おうとする人もいれば、解放運動に何の関心も示さない人もいた。

さまざまな「部落の形」があった。彼らに共通するのは、血縁か地縁かで部落につながっているということだけに過ぎない。

進学や就職を機に部落を離れて住む部落民が増えている。それもまたひとつの「部落の形」である。福嶋ひかりとは逆に、部落を離れながら出身者という立場を考え続けている若者がいる。

横田進（二十代、仮名）は非行に代表される少年事件や、夫婦や親子間のトラブルなどの調停・審判をおこなう家庭裁判所の調査官である。独身で、現在はある地方都市にひとりで住んでいる。生まれ育った部落に帰省するのは年数回で、その滅多にない機会に話を聞いた。職業柄なのか言葉遣いは丁寧で、ときどき自分のことを「私」と言う。物腰は柔らかく、テレビの受け売り情報であれ、私のつまらない経験談であれ、自分が知らない話を聞くと「へー、そうなんですか」「それはすごい」と素直に驚きを表現する。質問にはじっくり考えた上で、言葉を選びながら話す。

卒業した高校は同和教育に熱心だった。部落出身を意識するあまり、今振り返ると肩に力が入っていたという。

「月一回程度の同和ホームルームがあって、心情的には毎日突き付けられてるような気がしましたからねえ。なんか部落が自分のすべてだと思ってるようなところがありましたから。そう思わされてきたところもあるんじゃないかなあ。でも最近はそうでもないなあ。自分の一面だけど、全体じゃないなあ。今はあのころみたいに頻繁に突き付けられることないから、楽してますねえ」

横田の表情が少し緩んだ。

「昔は部落民ということが嫌われる要因になりかねないと思ってたんですよね。実際に差別的な考えの人がいたときに、その人をどういうふうに変えればいいのか、よくわからなかった。そのころは自分がすごくいい子であることで部落の人にもいい人がいるんだとわかってもらいたい、差別的な人を変えていきたいと思ってましたねえ。別に悪い人であってもいいわけですよねえ」

今は笑顔で語ってみせるが、当時は真剣だった。高校時代は本当にしんどかった、と横田は言う。そりゃあそうだろう。いい人、いい部落民を見せることで差別者を変えようとしていたのだからしんどくないはずはない。大学時代、部落解放を目指すクラブに所属しながら「部落差別はこの世からなくならんで」とうそぶき、周りの顰蹙《ひんしゅく》をかっていた私などには想像もつかない発想である。

しゃかりきになって部落問題を考え、しんどい思いはしたが、非行少年の力になりたいと思ったのは、部落出身者という立場と関係があるという。

「僕はムラに生まれてよかったと思ってる方なんですよ。結婚差別とか、部落出身を金儲けのために悪用する人がいたりして、いややなあと思うことはいっぱいあるけれども、ひっくるめてどっちかっていうと、まあよかったかなあと。家裁の調査官は、いってみれば権力の末端と呼べるところがあって、少年事件なんかだったら、『低文化で育った、法を守らない子供』という発想になりがちなんですよ。でも、ちょっと待てよ、自分だったらその環境にいたらどうなってるかな、と立ち止まって考えることがあるんですよ。うちもそんな裕福じゃなかったし、育ってきた環境は似てるところもある。経済的には困ってたぞって(笑)。自分が部落出身だから少数者の見方ができる、というのがあるかもしれないですね。そうありたいとも思ってますし。非行少年の話を聞いて共感できるところがあるのは、部落出身であることとつながってるのかな、という気がするんですよ」

社会人になり、現在は自分の立場を相対化できるようになった。部落は自分の全体ではないが一面である。その一面は彼にとって、ものごとを考える重要なファクターになっている。横田は直接差別を受けた経験があるわけではない。彼にあるのは被差別の経験ではなく部落民という立場である。その立場は、他人には見えないが、彼にとっては自分の位置を確かめる羅針盤として確かに存在している。

何世紀にもわたって存在してきた部落は、全体として確実に変わったといえる。さまざまな取り組みの中で、かつてあった路地はすでになく、共同体的なつながりは、とりわけ都市部では失われつつある。だが、それにかわるものとして、「被差別」や「共同体」にとらわれず、その立場を自分なりに〝再利用〟しようとする新しい部落民が誕生している。これからは新しい部落民によって、部落はさらに変わるに違いない。

# あとがき

部落問題の報道にはいつも物足りないものを感じていた。活字にしろ映像にしろ、そこに描かれている部落は、差別の厳しさ、被差別の実態ばかりが強調されていて、私はいつも「それだけやないやろー。おもろい奴も、笑える話もあるで」と思っていた。ひとことで言うと「暗い」のだ。登場する人物も、差別を受けたがそこから立ち上がってきた活動家か、かつての部落の生活実態を切々と訴える人々がほとんどである。今でもごくまれにテレビのドキュメンタリー番組で部落問題が取り上げられることがある。映し出されるのは、やはり部落差別の実態は変わらない、といった論調なのである。

「あれ見たら気分が滅入ってしもたわ。部落ってみんなあんなんか」

部落外の知人は、私に聞いてくる。ところが部落の活動家たちにはやたら評判がいい。部落問題報道は、活動家たちのためにあるのか、と文句のひとつも言いたくなる。

以前に雑誌、新聞などで報道された部落問題のルポを調べたことがある。私が見た限り、部落の描かれ方は、この半世紀間にわたってほとんど変わっていない。部落も部落差別も変化しているだけに、実態とのズレはますます大きくなっている。

厳しい差別が実態ではない、と言いたいわけではない。本書で見てきたように、地域や世代によってさまざまな部落がある。そもそも「被差別」の現実でくるのに無理がある。

その一方で、差別がなくなってきていることを強調し、鬼の首をとったように同和行政の行き過ぎを執拗に追及する人々もいる。長い目で見れば差別がなくなってきていることも、部落解放運動や同和行政に問題があることも事実だが、それだけを強調するのは部落民(少なくとも私)にとっては迷惑な話である。このような論調が、ますます人々から部落問題を遠ざけている。

このように部落の描かれ方は、差別がまだまだ厳しいという悲観論か、さもなければもうなくなっているという楽観論のどちらかでしかなかった。両極端なのである。私はその「間」を描いてみたいと思った。ふだんは部落出身であることを気にしないが、ある場面で差別にぶつかる。被差別体験はないがふと部落について考える。そんなどこにでもいるような部落民の日常を知ってもらう方が、より部落問題を身近に感じてもらえるのではないか……。その意図が伝わったかどうかは、読者の判断にゆだねるしかない。

取材は二年にわたり、一〇〇人を超える方々に協力をいただいた。構成上、インタビューが活字化できなかった方を含め、すべての人にお礼を言いたい。問題が問題だけに仮名が多いのが非常に残念だが、名前を出すことを厭わなかった方々に格別の感謝の意を表したい。「部落で何が悪いねん」という彼らの〝開き直り〟によって、私はライターとしても部落民としてもずいぶん励まされたような気がする。

本書ができるきっかけは偶然が大きく左右している。一九九五年一月十七日に起きた阪神・淡路大震災が、元新聞記者の私を再び活字の世界に引き戻した。こう書けばかっこうが良すぎる。私は活字の世界に戻りたかったのかもしれない。同年、私は講談社から発刊されていた月刊誌『ヴューズ』に「阪神大震災と被差別部落」と題するルポを発表した。大手のメディアが取り上げないテーマだけに、雑誌としては冒険だったと思う。その後、同誌に部落出身の若者・議員・ヤクザについても書かせていただいた。本書はその四回で描き切れなかった内容をまとめたものである。残念ながら『ヴューズ』は廃刊となったが、このような意欲的な雑誌がなかったら本書は誕生しなかった。今は場所を変えて活躍されている当時の編集スタッフに感謝したい。

一九九九年八月

角岡伸彦

# 文庫版あとがき

単行本を刊行するにあたり、私にはひとつの心配事があった。私自身が部落出身であることを実名で公表することによって何らかのリスクを負うのではないか、と考えていたのである。部落差別が存在する日本社会で、自らの立場を明らかにすることは、それなりの覚悟が必要である。ところがこの本を読んだ多くの人から「これまで知らなかった部落の姿がわかった。楽しく読めた」という感想をいただいた。そしてこの本の出版をきっかけに、多くの部落民や、部落問題にかかわる行政、教育、企業、宗教関係者に出会うことができた。立場を明らかにすることによって迫害や差別を受けることは皆無だった。私の心配は杞憂《きゆう》に終わった。むしろ、さまざまな分野の人々と出会い、語り合うことで、部落民という立場の面白ささえ感じるようになった。

同時に部落差別の実態に改めて向き合うことにもなった。読者から、結婚や職場での差別の相談を受けることもあった。親が部落民との結婚を監禁や暴力でなんとしてでも阻止しようとしたり、部落民と付き合っているという理由で親の前で土下座させられた、といった内容の話を直接聞いたり、手紙に書き綴ってくれた人もいた。ある警察官からは、交際している女性が部落出身なのだが、出身者と結婚すると絶対に昇進できないという不文律があるが、どうしたらいいか、といった相談もあった。私は、部落民であることを開き直ってしまえば楽やなあと気楽に思う反面、いまだに家柄や出自に執拗にこだわる人や組織が少なくないことに愕然《がくぜん》とした。世間に知られることなく差別は確かに生きていることを改めて実感せざるをえなかった。その意味でこの本は、私にとって喜びと憤りを感じる一冊になった。

単行本のあとがきで、部落問題報道はいびつである、と私は書いた。二〇〇二年三月末、三十年余りにわたって行われてきた同和対策事業が、特別措置法の期限切れとともに終了した。一部マスコミは堰《せき》を切ったように部落解放運動および同和対策事業の批判を展開している。部落問題に限らず、どんな社会運動や制度にも矛盾はある。それは看過できる問題ではない。だからこそ私は、同和対策事業が一部の住民の甘えを生んできたことをこの本で書いた。

ところが最近の批判は、運動や事業の問題点ばかりを集めて攻め立てているだけである。問題の表層や部分を切り取り、拡大鏡で見せているだけだ。部落問題が、部落解放運動が抱える問題、すなわち部落解放運動問題にすりかわっている。初めて部落問題に接する人が、部落解放運動の矛盾だけを見ることで新たな偏見をすりこまれることは容易に想像できる。部落問題報道は、ますますいびつになりつつある、というのが私の実感である。

私はその後も部落問題の取材を続けているが、甘えや利権とは関係なく、真摯《しんし》にこの問題に取り組んでいる人を、数多く知っている。そんな人たちと知り合うことが出来たのもこの問題本のおかげである。私はライターとして部落問題だけに関心があるわけではない。しかし、部落のありのままの姿を再び書かなければならない、と今のところ考えている。

単行本を出版してから三年半が経った。その間、第二章「選択」で取材させていただいた有本憲二さんが、二〇〇〇年九月に五十歳の若さで亡くなられた。調査業界で部落差別に反対し続けた有本さんは、業界内外で部落差別撲滅のため、シンポジウムや講演で活躍されていた。取材の最後に「僕みたいな人間が、あと十人いたら、差別はもっと早くなくなるんやけどねえ」とおっしゃった言葉が印象に残っている。あのとき、すでに自分の死期を予感されていたのだろうか、と今になって思う。無念である。心からご冥福をお祈りしたい。

二〇〇三年五月

角岡伸彦

# 解説

野村 進

いまや『釣りバカ日誌』の「スーさん」として有名になってしまった俳優の三國連太郎が、ある対談でこんなことを語っている。

「私の場合は、いつ頃からなのか史料的にはよく分かりませんが、そのように非人系のルーツを背負った人間なんです。つまり、私の祖父にあたる人は棺桶作りを生業《なりわい》としていたことは確かなんです。当時は棺桶作りというと、死穢《しえ》に関わるということで、あまり良民社会には受け入れられない仕事として、賤視《せんし》される社会的傾向がありました」(『三國連太郎・沖浦和光対談』上)

自伝では、こうも述べている。

「世間というものは、くちさがないものだといいます。小学校へ入ったときもあまり友だちができませんでした。ほかの子どもたちのおやじやおふくろが、あれとあまり遊んではいけない、とたしなめているのを見たことが何度かあったように記憶しています。（中略）中学へ入ったんですけど、やっぱり寮生活に入ってからも、異様な雰囲気がありました。年ごろですから、世間の目にたいする私なりの自覚みたいなものが、はっきりとつくられていきました。どう考えても私は差別されているのです。そんな環境のなかでおれはとても勉強なんかしていられない、という気持ちになってしまいました」（三國連太郎『わが煩悩の火はもえて』）

私にとっては『飢餓海峡』や『神々の深き欲望』で忘れがたい演技を見せた名優がここで言っているのは、彼が被差別部落出身の部落民で、少年のころ部落差別に苦しめられていたという出自の物語なのである。

自民党元幹事長の野中広務も、これまでに幾度か同様の回想をしてきた。さらに、私が聞き及んだかぎりでも、何人かの著名人が被差別部落（以下「部落」と略）にルーツを持つと言われている。

このように書かないと、部落民の顔が浮かんでこない人が案外、多いのではなかろうか。かく言う私自身、西日本に比べて部落人口の比率が少ない東京の出身という経緯もあって、身近で部落差別を見聞きしたことも、学校で同和教育を受けた経験もないまま成長した。『コリアン世界の旅』などという本を書いているのだから、在日コリアン（日本国籍者を含む）とのつきあいが〝原体験〟にあるのだろうとよく訊《き》かれたが、こちらもまったくそうではない。学生時代フィリピンに留学していたいきさつから、エスニック・マイノリティーの存在に惹《ひ》かれるものを感じ、在日コリアンへの関心がふくらんでいったのである。部落について調べたのも、在日の取材を通してであった。つまり、私は、それまで在日コリアンを生涯のテーマとしてきたわけでもなかったし、部落差別や同和問題に通暁しているわけでもない。

部落出身の著者とは、大きな懸隔がありそうである。

ところが、本書を読み進めながら私が感じていたのは、もし自分が部落のことを取材して書こうとするなら、著者とほとんど変わらぬ姿勢で臨《のぞ》んだにちがいないという「共通感覚」なのだった。

「共感」ではなく「共通感覚」と記したのは、それなりのわけがある。

私は、在日に関して、「民族差別」や「強制連行」や「指紋押捺」といった用語で括《くく》られたり、日本人対在日という二項対立の図式に結局は収斂《しゅうれん》されてしまう、いわゆる〝在日もの〟を書こうとは、もとより思わなかった。そこで考え出した方針が、大づかみで言うとふたつある。私たちのすぐ隣にいるのに「見えない」（正確には「見えなくさせられている」）在日を、等身大の生活者としていかに描くかが、そのひとつ。もうひとつは、アメリカやベトナムなどに住むコリアン、すなわち在日以外の海外定住コリアンを報告することで、在日を世界的な視点でとらえ、日本人対在日の袋小路にいくらかでも風穴を開けられまいかという目論《もくろ》みだった。

著者もまた本書の刊行後のインタビューで、「『被差別』という鋳型にはめたルポでは部落の多様性が描ききれない」として、次のように言う。

「いまは昔ほど苛酷な差別があるわけではありませんが、それでも結婚や就職のときに部落民かどうかを調べる人間はいます。差別はなくなったと、はっきりいえる状況でもないわけです。一方で、差別はなくなってきているともいえます。僕はその『間《あいだ》』をこの本で伝えたかったんです。でも、その『間』はものすごく広いんですね。男性、女性、年齢、地域、職業で被差別の状況や部落問題に対するスタンスの取り方は違う。そこをどう書きわけていくかでかなり悩みました」（『現代』一九九九年十二月号）

著者の言う「間」を伝えるとは、以前ほど露骨ではないが厳然として存在する部落差別を見据えつつ、多様に変貌していく部落社会と部落民の姿を柔軟な姿勢で受け止め、万人にわかりやすく表現することであろう。

そのためのアプローチとして、たとえば、わが子が部落出身者と結婚するのに猛反対した両親に、その理由を訊きに行く。父が在日朝鮮人で、母が部落民という二重の差別の中で生きてきた女性の、心の揺れや陰影を浮かび上がらせる。自ら食肉加工の現場で働き、部落民と非部落民の交錯する様を描き出す。

いずれも、言うは易《やす》く行うは限りなくむずかしい取材である。私もたぶん同じ試みをしただろうが、著者ほどの成功を収める自信はない。

私見では、本書の白眉は第三章の「ムラ」である。一見地味に思われるかもしれないが、過去から現在に至る、部落民が抱えてきた問題の、非常に見えにくく一筋縄ではいかない内実を、かくも見事に描出した例を知らない。そのうえで著者は、部落が怖いのではない、部落差別こそが怖いのだと記す。部落民でありながら「部落差別を直接的に経験したことはない」と言い切る著者だからこそ書きえた章である。

ところで、私が『コリアン世界の旅』を出版したのち、複数の編集者から、今度は部落を書かないかといった誘いを受けた。そのあまりに単純な発想に内心苦笑したものだが、マスコミの思考パターンではそう考えるのが不自然ではないくらい、在日差別と部落差別は日本の二大差別とみなされているのであろう。

先程、私は、著者との「共通感覚」について書いた。おそらく私が取材するとしても、同様の方法論をとったはずだ、と。

しかし、ノンフィクションとして作品化するプロセスだけを比較するなら、著者の困難さのほうが私のそれを上回るような気がしてならない。

在日も部落民も、たしかに日本社会では「見えない」存在にさせられている。けれども、在日は「金」や「朴」といった民族名を名乗ることで、アイデンティティーを表明できる。ソフトバンク社長の孫正義のように、日本国籍を取っても自分の民族性を示したり、ブルース・シンガーの新井英一のように、通名を使いながらルーツが朝鮮半島にある事実を歌ったりすることが可能なのだ。あるいは、韓国籍や朝鮮籍といった国籍（「朝鮮籍」はあっても「北朝鮮籍」はなく、厳密に言えば「国籍」ではない）によって、自分のアイデンティティーを主張する方法もある。

在日は、日本人からの差別に対しては「民族」という鎧《よろい》をまとい、同じ在日同士では、朝鮮半島での南北の対立に巻き込まれる形で、「国家」という鎧をまとってきたとも言えよう。民族や国家は、容易に脱ぎ捨てられない重い鎧であると同時に、各々のよりどころにもなりえてきたし、そうせざるをえない面もあった。そこから、民族や国家を乗り越えようとする、若い世代の動きも出てきている。

これに対して、部落差別の構造には、在日の「民族」や「国家」にあたるものがないように私には思える。「部落に生まれた」ということが、部落を差別する側のいわば「差別の根拠」だが、旧来の家族や地域の縛《しば》りが急速に崩壊しつつあるいま、在日差別の根幹にある民族や国家に比べると、いかにも輪郭があいまいで、そこに部落差別の現実のとらえ難さがあるのではないか。本書に登場する、在日の父と部落民の母を持つ女性が、友達に「在日」とは言えるけれど、「部落」とは打ち明けられないという箇所からも、この問題の容易ならざる根の深さが見て取れる。

しかも、在日と同じく、部落民の多様化はめまぐるしく進んでいる。著者の言うように、「部落差別を見るとき、立場によってまったく見えるものが違う」のである。この現状を取材して書けと言われたら、私はしばし途方に暮れざるをえまい。

私もノンフィクションの実作者だからよくわかるのだが、本書は大変な労作である。

それでいて、関西人らしく〝笑い〟を忘れないところがいい。当時のドリフターズの「ド、ド、ドリフの大爆笑っ」という歌をもじって、「ぶ、ぶ、部落の大爆笑っ」なんて、たとえ第三者の言葉の引用にしたって、この際はっきり言わせてもらいますけど、うちらにはとても書けまへん。

本書は一九九九年十月、小社より刊行されました。
本文中の年齢・肩書は単行本刊行時のものです。

|著者|角岡伸彦　1963年、兵庫県加古川市生まれ。被差別部落に生まれ育つ。関西学院大学社会学部卒業。神戸新聞記者などを経て、フリーのノンフィクションライターに。現在は大阪市に在住。他の著書に『ホルモン奉行』(解放出版社)がある。

被差別部落《ひさべつぶらく》の青春《せいしゅん》
角岡伸彦《かどおかのぶひこ》
© Nobuhiko Kadooka 2003
2003年7月15日第1刷発行
2003年11月11日第5刷発行

発行者──野間佐和子
発行所──株式会社 講談社
東京都文京区音羽2-12-21　〒112-8001
電話 出版部 (03) 5395-3510
　　 販売部 (03) 5395-5817
　　 業務部 (03) 5395-3615

Printed in Japan

落丁本・乱丁本は購入書店名を明記のうえ、小社書籍業務部あてにお送りください。送料は小社負担にてお取替えします。なお、この本の内容についてのお問い合わせは文庫出版部あてにお願いいたします。

ISBN4-06-273791-4

講談社文庫
定価はカバーに
表示してあります

デザイン──菊地信義
製版──慶昌堂印刷株式会社
印刷──豊国印刷株式会社
製本──株式会社大進堂

本書の無断複写(コピー)は著作権法上での例外を除き、禁じられています。

# 講談社文庫刊行の辞

二十一世紀の到来を目睫に望みながら、われわれはいま、人類史上かつて例を見ない巨大な転換期をむかえようとしている。

世界も、日本も、激動の予兆に対する期待とおののきを内に蔵して、未知の時代に歩み入ろうとしている。このときにあたり、創業の人野間清治の「ナショナル・エデュケイター」への志を現代に甦らせようと意図して、われわれはここに古今の文芸作品はいうまでもなく、ひろく人文・社会・自然の諸科学から東西の名著を網羅する、新しい綜合文庫の発刊を決意した。

激動の転換期はまた断絶の時代である。われわれは戦後二十五年間の出版文化のありかたへの深い反省をこめて、この断絶の時代にあえて人間的な持続を求めようとする。いたずらに浮薄な商業主義のあだ花を追い求めることなく、長期にわたって良書に生命をあたえようとつとめるところにしか、今後の出版文化の真の繁栄はあり得ないと信じるからである。

同時にわれわれはこの綜合文庫の刊行を通じて、人文・社会・自然の諸科学が、結局人間の学にほかならないことを立証しようと願っている。かつて知識とは、「汝自身を知る」ことにつきていた。現代社会の瑣末な情報の氾濫のなかから、力強い知識の源泉を掘り起し、技術文明のただなかに、生きた人間の姿を復活させること。それこそわれわれの切なる希求である。

われわれは権威に盲従せず、俗流に媚びることなく、渾然一体となって日本の「草の根」をかたちづくる若く新しい世代の人々に、心をこめてこの新しい綜合文庫をおくり届けたい。それは知識の泉であるとともに感受性のふるさとであり、もっとも有機的に組織され、社会に開かれた万人のための大学をめざしている。大方の支援と協力を衷心より切望してやまない。

一九七一年七月

野間省一

阿川弘之　雪の進軍
阿川弘之　故園黄葉
阿刀田高　ミステリー主義
相沢忠洋　「岩宿」の発見〈幻の旧石器を求めて〉
新井素子　近頃、気になりません？
安土　敏　小説スーパーマーケット(上)(下)
朝日新聞経済部　銀行〈その実像と虚像〉
W・アービング　江間章子訳　アルハンブラ物語
浅野健一　犯罪報道の犯罪
浅野健一　新・犯罪報道の犯罪
浅野健一　マスコミ報道の犯罪
浅野健一　日本大使館の犯罪
河野義行　浅野健一　松本サリン事件報道の罪と罰
嵐山光三郎　素人庖丁記・ごはんの力
嵐山光三郎　「不良中年」は楽しい
嵐山光三郎　ざぶん〈文士温泉放蕩録〉

アベグレン&ストーク　植山周一郎訳　カイシャ
綾辻行人　アヤツジ・ユキト　1987—1995
明石散人　龍安寺石庭の謎〈スペース・ガーデン〉
明石散人　ジェームス・ディーンの向こうに日本が視える
明石散人　謎ジパング〈誰も知らない日本史〉
明石散人　アカシックファイル〈日本の「謎」を解く！〉
明石散人　真説　謎解き日本史
明石散人　大老猫《だいろうびょう》の外交術〈鄧小平秘録〉
明石散人　日本国大崩壊〈アカシックファイル〉
安野光雅　黄金街道
安野光雅　読書画録
秋元　康　好きになるにもほどがある
秋元　康　明日は明日の君がいる
浅田次郎　勇気凜凜ルリの色
浅田次郎　勇気凜凜ルリの色　福音について
浅田次郎　勇気凜凜ルリの色　満天の星

荒川じんぺい　週末は山歩き〈「初めて」からのお役立ちガイド・エッセイ〉
青木　玉　小石川の家
青木　玉　帰りたかった家
青木　玉　なんでもない話
青木　玉　手もちの時間
アメリカ探偵作家クラブ　L・トリート編　大出　健訳　ミステリーの書き方
浅田秀子　知らないと恥をかく「敬語」
浅川博忠　電力会社を九つに割った男〈民営化の鬼、松永安左エ門〉
浅川博忠　人間　小泉純一郎〈三代にわたる「変革」の血〉
浅川博忠　自民党・ナンバー2の研究
浅川博忠　平成永田町劇場
荒　和雄　ペイオフ〈あなたの預金が危ない！〉
荒　和雄　勝ち残った中小企業伸びてる女社長
阿川佐和子　あんな作家こんな作家どんな作家
青木奈緒　ハリネズミの道
赤尾邦和　イラク高校生からのメッセージ

## 講談社文庫　エッセイ&ノンフィクション作品

五木寛之　他　力
五木寛之　こころの天気図
井上ひさし／樋口陽一　「日本国憲法」を読み直す
池波正太郎　池波正太郎の映画日記〈1978・2〜1984・12〉
池波正太郎　きままな絵筆
石川英輔　大江戸えねるぎー事情
石川英輔　大江戸テクノロジー事情
石川英輔　大江戸生活事情
石川英輔　大江戸泉光院旅日記
石川英輔　大江戸リサイクル事情
石川英輔　雑学「大江戸庶民事情」
石川英輔／田中優子　大江戸生活体験事情
石牟礼道子　苦海浄土〈わが水俣病〉
石森章太郎　トキワ荘の青春〈ぼくの漫画修行時代〉
一ノ瀬泰造　地雷を踏んだらサヨウナラ
伊藤雅俊　商いの心くばり

泉麻人　丸の内アフター5
泉麻人　地下鉄の友
泉麻人　地下鉄の素
泉麻人　地下鉄の穴
泉麻人／オカシ屋ケン太　おやつストーリー
泉麻人　東京タワーの見える島
泉麻人　大東京バス案内《ガイド》
泉麻人　地下鉄100コラム
泉麻人　僕の昭和歌謡曲史
今井博　モスクワの市民生活
岩川隆　どうしようもない私〈わが山頭火伝〉
一志治夫　たった一度のポールポジション
一志治夫　僕の名前は。〈アルピニスト野口健の青春〉
石村博子　新・東京物語
井上夢人　おかしな二人〈岡嶋二人盛衰記〉
家田荘子　バブルと寝た女たち

家田荘子　愛人〈ピュアで危険な愛を選んだ女たち〉
家田荘子　イエローキャブ
家田荘子　リスキー　ラブ
石坂晴海　やっぱり別れられない〈離婚を選ばなかった夫婦たち〉
石坂晴海　掟やぶりの結婚道〈既婚者にも恋愛を！〉
岩上安身　あらかじめ裏切られた革命
飯島勲　代議士秘書〈永田町、笑っちゃうけどホントの話〉
岩本順子　おいしいワインが出来た！〈名門ケラー醸造所飛び込み奮闘記〉
岩瀬達哉　新聞が面白くない理由
井田真木子　ルポ十四歳〈消える少女たち〉
伊東四朗／吉田照美　親父熱愛《オヤジ・パッション》PARTⅠ
伊東四朗／吉田照美　親父熱愛《オヤジ・パッション》PARTⅡ
伊波真理雄／石村博子　不完全でいいじゃないか！
岩間建二郎　ゴルフここだけ直せばうまくなる
岩城宏之　森のうた〈山本直純との芸大青春記〉
内橋克人　破綻か再生か〈日本経済への緊急提言〉

## 講談社文庫　エッセイ&ノンフィクション作品

内橋克人　新版匠の時代〈全六巻〉
内田康夫　全面自供〈浅見光彦と内田康夫 いいたい放題〉
梅棹忠夫　夜はまだあけぬか
内館牧子　切ないOLに捧ぐ
内館牧子　あなたが好きだった
内館牧子　ハートが砕けた！
内館牧子　B・U・S・U〈すべてのプリティ・ウーマンへ〉
内館牧子　別れてよかった
内館牧子　小粋な失恋
宇都宮直子　神様がくれた赤ん坊
宇都宮直子　人間らしい死を迎えるために
宇都宮直子　神様がくれた赤ん坊 茉莉子の赤いランドセル
宇都宮直子　だから猫と暮らしたい
宇野千代　幸福に生きる知恵
内田洋子　シルヴェリオ・ピズ　食べてこそわかるイタリア
内田正幸　生活クラブ生協連合会「生活と自治」　こんなモノ食えるか!?〈食の安全に関する101問101答〉

魚住昭　渡邉恒雄　メディアと権力
遠藤周作　周作塾〈読んでもタメにならないエッセイ〉
遠藤周作　『深い河』創作日記
永六輔　無名人名語録
永六輔　普通人名語録
永六輔　一般人名語録
永六輔　わが師の恩
永六輔　ピーコ　I 愛 Eye〈よってたかって目の勉強・7年後〉
永六輔　どこかで誰かと
永六輔　壁に耳あり
枝川公一　今日も銀座へ行かなくちゃ
海老名香葉子　海老のしっぽ〈噺家の嫁と姑〉
衿野未矢　依存症の女たち
大江健三郎・文　大江ゆかり・画　恢復する家族
大江健三郎・文　大江ゆかり・画　ゆるやかな絆
大橋歩　心のささえに

大橋歩　わたしの家
大橋歩　はるかに海の見える家でくらす
大橋歩　生きかた上手はおしゃれ上手
大橋歩　着ごこち気ごこち
大橋歩　すてきな気ごこち
大橋歩　おしゃれする
大石邦子　この生命《いのち》を凜《りん》と生きる
沖守弘　マザー・テレサ〈あふれる愛〉
大前研一　企業参謀 正続
オノ・ヨーコ　飯村隆彦編　ただの私《あたし》
オノ・ヨーコ　南風椎訳　グレープフルーツ・ジュース
大下英治　激録！総理への道〈戦後宰相列伝 田中角栄から森喜朗まで〉
大下英治　手塚治虫〈ロマン大宇宙〉
大橋巨泉　出発点
大橋巨泉　岐路
大橋巨泉　巨泉〈人生の選択〉

# 講談社文庫 エッセイ&ノンフィクション作品

大笹吉雄 花顔《かがん》の人〈花柳章太郎伝〉
おおつきちひろ スペインの食卓から
大竹昭子 バリの魂、バリの夢
乙武洋匡 五体不満足〈完全版〉
乙武洋匡 乙武レポート〈'03版〉
小野一光 セックス・ワーカー〈女たちの「東京」二重生活〉
大石静 ねこの恋
大崎善生 聖《さとし》の青春
大崎善生 将棋の子
小田島雄志 駄ジャレの流儀
大平光代 だから、あなたも生きぬいて
小川恭一 江戸の旗本事典〈歴史・時代小説ファン必携〉
落合正勝 男の装い 基本編
鎌田慧 自動車絶望工場〈ある季節工の日記〉
鎌田慧 六ヶ所村の記録〈核燃料サイクル基地の素顔〉
鎌田慧 いじめ社会の子どもたち

鎌田慧 壊滅日本〈17の致命傷〉
鎌田慧 家族が自殺に追い込まれるとき
鎌田慧 津軽・斜陽の家〈太宰治を生んだ「地主貴族」の光芒〉
桂米朝 米朝ばなし〈上方落語地図〉
開高健 それでも飲まずにいられない
加藤仁 人生を楽しむ〈50歳からがゴールを決める〉
加茂周 モダンサッカーへの挑戦
加来耕三 〈三国志の謎〉徹底検証〈諸葛孔明の真実〉
加来耕三 信長の謎〈徹底検証〉
加来耕三 龍馬の謎〈徹底検証〉
加来耕三 武蔵の謎〈徹底検証〉
門野晴子 老親を棄てられますか
神田憲行 ハノイの純情、サイゴンの夢
加納喜光 知ってるようで知らない日本語〈目から鱗が落ちる言葉の蘊蓄〉
河上和雄 知らないと危ない「犯罪捜査と裁判」基礎知識
河上和雄 好き嫌いで決めろ

鏡リュウジ 占いはなぜ当たるのですか
金丸弘美 産地直送おいしいものガイド
勝谷誠彦 いつか旅するひとへ
川上信定 本当にうまい朝めしの素《もと》
鴨志田穣 西原理恵子 アジアパー伝
角岡伸彦 被差別部落の青春
岸本英夫 死を見つめる心〈ガンとたたかった十年間〉
岸本葉子 それでもしたい!? 結婚
岸本葉子 よい旅を、アジア
岸本葉子 アジア発、東へ西へ
岸本葉子 旅はお肌の曲がり角
岸本葉子 三十過ぎたら楽しくなった!
岸本葉子 炊飯器とキーボード〈エッセイストの12ヵ月〉
岸本葉子 家《うち》もいいけど旅も好き
岸本葉子 四十になるって、どんなこと?
岸本裕紀子 もっと、モテる女たち

## 講談社文庫　エッセイ&ノンフィクション作品

キム・ミョンガン　恋愛の基礎
岸　惠子　30年の物語
黒柳徹子　窓ぎわのトットちゃん
久保博司　日本の警察〈警視庁vs.大阪府警〉
久保博司　日本の検察
R&M・クリーゲル　南　隆男訳　C型人間
軍司貞則　本田宗一郎の真実〈不況知らずのホンダを創った男〉
蔵前仁一　ホテルアジアの眠れない夜
蔵前仁一　旅ときどき沈没
蔵前仁一　旅人たちのピーコート
蔵前仁一　インドは今日も雨だった
久世光彦　触れもせで〈向田邦子との二十年〉
久世光彦　夢あたたかき〈向田邦子との二十年〉
久世光彦　ニホンゴキトク
黒田福美　ソウル　マイハート
黒田福美　ソウルマイデイズ

熊谷真菜　たこやき〈大阪発おいしい粉物大研究〉
楠見千鶴子　エーゲ海ギリシア神話の旅
鍬本實敏　警視庁刑事〈私の仕事と人生〉
栗原美和子　せ・き・ら・ら・ら〈生意気プロデューサーの告白〉
けらえいこ　セキララ結婚生活
小林道雄　〈冤罪〉のつくり方〈大分・女子短大生殺人事件〉
後藤正治　スカウト
後藤正治　奪われぬもの
講談社文庫編　ワールドカップ全記録
郡山和世　噺家カミサン繁盛記
五味太郎　大人問題
小峰有美子　宿曜占星術
小柴昌俊　心に夢のタマゴを持とう
佐野　洋　推理日記V
佐野　洋　推理日記VI
佐木隆三　死刑囚 永山則夫

澤地久枝　時のほとりで
澤地久枝　六十六の暦
沢田サタ編　泥まみれの死〈沢田教一ベトナム戦争写真集〉
佐高　信　日本官僚白書
佐高　信　逆命利君
佐高　信　孤高を恐れず〈石橋湛山の志〉
佐高　信　官僚たちの志と死
佐高　信　官僚国家＝日本を斬る
佐高　信　社長のモラル〈日本企業の罰と罪〉
佐高　信　ニッポンの大問題
佐高　信　日本を撃つ
佐高　信　こんな日本に誰がした!
佐高　信　石原莞爾その虚飾
佐高　信　宮本政於　官僚に告ぐ!
佐高信編　男の美学〈ビジネスマンの生き方20選〉
さだまさし　日本が聞こえる

## 講談社文庫　エッセイ&ノンフィクション作品

堺屋太一　時代末 (上)(下)
柴門ふみ　笑って子育てあっぷっぷ
柴門ふみ　愛さずにはいられない〈ミーハーとしての私〉
柴門ふみ　マイリトルNEWS
鷺沢萠　月刊サギサワ
鷺沢萠　コマのおかあさん
酒井順子　結婚疲労宴
酒井順子　ホメるが勝ち!
佐野洋子　猫ばっか
佐野洋子　わたしいる
佐川芳枝　寿司屋のかみさんうちあけ話
佐川芳枝　寿司屋のかみさんおいしい話
佐川芳枝　寿司屋のかみさんとっておき話
佐川芳枝　寿司屋のかみさんお客さま控帳
桜木もえ　ばたばたナース
桜木もえ　ばたばたナース 泣かないもん!

桜木もえ　ばたばたナース秘密の花園
佐藤治彦　〈お金で困らない人生のための〉最新・金融商品五つ星ガイド
斎藤貴男　バブルの復讐〈精神の瓦礫〉
司馬遼太郎　海音寺潮五郎　日本歴史を点検する
司馬遼太郎　井上ひさし　国家・宗教・日本人
司馬遼太郎　陳舜臣　金達寿　歴史の交差路にて〈日本・中国・朝鮮〉
城山三郎　本田宗一郎との一〇〇時間〈燃えるだけ燃えよ〉
城山三郎　ビッグボーイの生涯〈五島昇その人〉
城山三郎　彼も人の子ナポレオン〈統率者の内側〉
白石一郎　海よ島よ〈歴史紀行〉
白石一郎　乱世を斬る〈歴史エッセイ〉
新宮正春　米田厚彦　プロ野球を創った名選手・異色選手400人
塩沢茂　イトーヨーカ堂店長会議
島田荘司　本格ミステリー宣言
島田荘司　本格ミステリー宣言II〈ハイブリッド・ヴィーナス論〉
島田荘司　ポルシェ911《ナインイレブン》の誘惑

島田荘司　自動車社会学のすすめ
島田荘司　島田荘司読本
清水義範　青二才の頃〈回想の'70年代〉
椎名誠　山本皓一写真　熱風大陸〈ダーウィンの海をめざして〉
椎名誠　にっぽん・海風魚旅〈怪し火さすらい編〉
東海林さだお　平成サラリーマン専科〈カチョーもフキョーも丸かじり〉
東海林さだお　平成サラリーマン専科〈トホホとウヒョヒョの丸かじり〉
東海林さだお　平成サラリーマン専科〈ニョーボもマキコも丸かじり〉
下田治美　ぼくんち熱血2DK
周大荒　渡辺精一訳　反三国志 上・下
篠田節子　寄り道ビアホール
下川裕治　アジアの誘惑
下川裕治　アジアの旅人
下川裕治　アジアの友人
下川裕治ほか　アジア大バザール
下川裕治　桃井和馬　世界一周ビンボー大旅行

## 講談社文庫　エッセイ&ノンフィクション作品

ショー・コスギ　努力はいらない！英会話〈ハリウッド・シネマ英語道場〉
清水　修 編著　OL被害者の会協力　アホバカOL生態図鑑
島村麻里　地球の笑い方
嶋田昭浩　解剖・石原慎太郎
鈴木健二　気くばりのすすめ　正続
杉田　望　香港マーケット
杉山邦博　土俵の鬼　三代
杉山隆男　世界を変えた50日
杉浦日向子　東京イワシ頭
杉浦日向子　入浴の女王
杉浦日向子　呑々草子
須田慎一郎　長銀破綻〈エリート銀行の光と影〉
砂守勝巳　沖縄シャウト
鈴木龍志　愛をうけとって
瀬戸内寂聴　「源氏物語」を旅しよう〈古典を歩く4〉
瀬戸内寂聴　いのち発見

瀬戸内寂聴　無常を生きる〈寂聴随想〉
瀬戸内寂聴　寂聴相談室人生道しるべ
梅原　猛　瀬戸内寂聴　寂聴・猛の強く生きる心
関川夏央　よい病院とはなにか〈病むことと老いること〉
関川夏央　中年シングル生活
M・セリグマン　山村宜子訳　オプティミストはなぜ成功するか
先崎　学　フフフの歩
妹尾河童　河童が覗いたインド
妹尾河童　河童が覗いたヨーロッパ
妹尾河童　河童が覗いたニッポン
そのだちえ　なにわOL処世道
田辺聖子　『源氏物語』男の世界
田辺聖子　「おくのほそ道」を旅しよう〈古典を歩く11〉
田辺聖子　「東海道中膝栗毛」を旅しよう〈古典を歩く12〉
立花　隆　田中角栄研究全記録　全二冊
立花　隆　中核VS革マル　全二冊

立花　隆　日本共産党の研究　全三冊
立花　隆　文明の逆説〈危機の時代の人間研究〉
立花　隆　青春漂流
立花　隆　同時代を撃つⅠ〜Ⅲ〈情報ウォッチング〉
高杉　良　人事権！
高杉　良　濁流(上)(下)〈組織悪に抗した男たち〉
高杉　良　小説新巨大証券(上)(下)
高杉　良　局長罷免―小説通産省
高杉　良　挑戦つきることなし〈小説ヤマト運輸〉
高杉　良　権力必《ひっ》腐《ぷ》〈日本経済混迷の元凶を糾す〉
高杉　良　金融腐蝕列島(上)(下)
高橋克彦　1999年〈対談集〉
高橋克彦　書斎からの空飛ぶ円盤
高橋克彦　こいつがないと生きてはいけない
高橋　治　花と心に囲まれて
高樹のぶ子　葉桜の季節

高樹のぶ子　恋　愛　空　間
田中芳樹　「創竜伝」公式ガイドブック
田中芳樹著・監　「田中芳樹」公式ガイドブック
田中芳樹　書物の森でつまずいて……
田中芳樹ほか文・皇名月画・文　中国帝王図
高任和夫　依　願　退　職〈愉しい自立のすすめ〉
田村洋三　沖縄県民斯ク戦ヘリ〈大田實海軍中将一家の昭和史〉
武　豊　この馬に聞いた！
武　豊　この馬に聞いた！　最後の1ハロン
武　豊　この馬に聞いた！　フランス激闘編
武　豊　この馬に聞いた！　炎の復活凱旋編
武田　圭　南　海　楽　園〈タヒチ、バリ、モルジブ……サーフィン一人旅〉
橘　蓮二・吉川　潮　高座の七人〈当世人気噺家写真集〉
橘　蓮二　狂　言　の　自　由〈茂山逸平写真集〉
高木幹夫・日能研　自分の子どもは自分で守れ〈「学力」ってなんだろう　日能研はこう考える〉
田島優子　女検事ほど面白い仕事はない

竹内玲子　笑うニューヨーク　DELUXE
竹内玲子　笑うニューヨーク　DYNAMITES
高世　仁　拉　致〈北朝鮮の国家犯罪〉
陳　舜臣　中　国　詩　人　伝
ユン・チアン　土屋京子訳　ワイルド・スワン　全三冊
張《チャン》　仁《イン》　淑《スク》　凍れる河を超えて(上)(下)
津本　陽　勇《ゆう》　の　こ　と〈坂本龍馬、西郷隆盛が示した変革期の生き方〉
津本　陽・童門冬二　徳川吉宗の人間学〈変革期のリーダーシップを語る〉
霍見芳浩　日　本　の　再　興〈生き残りのためのヒント〉
綱島理友　そ　れ　マ　ジ!?〈話のネタに困ったとき読む本〉
弦本將裕　12動物60分類完全版マスコット占い
土屋賢二　哲学者かく笑えり
土　屋　守　イギリス・カントリー四季物語〈My Country Diary〉
出久根達郎　たとえばの楽しみ
出久根達郎　いつのまにやら本の虫
戸川幸夫　ヒトはなぜ助平になったか

童門冬二　坂本龍馬の人間学
童門冬二　織田信長の人間学
藤堂志津子　愛犬リッキーと親バカな飼主の物語
戸塚真弓　パリ住み方の記
戸塚真弓　パリからのおいしい旅
ドウス昌代　イサム・ノグチ〈宿命の越境者〉(上)(下)
戸田郁子　ソウルは今日も快晴〈日韓結婚物語〉
豊福きこう　水原勇気1勝3敗12S〈「起」完全版〉
豊福きこう　矢吹丈25戦19勝(19KO)5敗1分
戸部良也　プロ野球英雄伝説
長尾三郎　虚構地獄　寺山修司
長尾三郎　人は50歳で何をなすべきか
中島らも　しりとりえっせい
中島らも　訊　く
中島らも　逢　う
中島らも　さかだち日記

## 講談社文庫　エッセイ&ノンフィクション作品

中島らも編・著　なにわのアホぢから
中島らも ひさうちみちお　しりとり対談
長村キット　英会話最終強化書
長村キット　3語で話せる英会話〈英会話最終強化書2〉
長村キット　こんなときどう言う英会話辞典〈英会話最終強化書3〉
中村天風　運命を拓く〈天風瞑想録〉
夏坂　健　ナイス・ボギー
夏坂　健　ゴルフの神様
中尾　彬　一筆啓上　旅の空
中村智志 写真・裵　昭　路上の夢〈新宿ホームレス物語〉
仲畑貴志　この骨董が、アナタです。
ニルソン他 松山栄吉訳　生まれる〈胎児成長の記録〉
西村玲子　旅のように暮らしたい。
西村玲子　玲子さんの好きなものに出合う旅
西村玲子　玲子さんのラクラク手作り教室
西岡直樹　インドの樹、ベンガルの大地

楡　周平　外資な人たち〈ある日外国人上司がやってくる〉
野口悠紀雄　パソコン「超」仕事法
野口悠紀雄　「超」勉強法
野口悠紀雄　「超」勉強法・実践編
原田泰治　わたしの信州
原田武雄 原田泰治　泰治が歩く〈原田泰治の物語〉
原田宗典　東京見聞録
原田宗典　見学ノススメ
馬場啓一　白洲次郎の生き方
馬場啓一　白洲正子の生き方
林　望　帰らぬ日遠い昔
林　望　リンボウ先生の書物探偵帖
林　巧　マカオ発楽園行き〈香港・マカオ・台北物語〉
林　巧　チャイナタウン発楽園行き〈イースト・ミーツ・ウエスト物語〉
浜なつ子　アジア的生活
畠山健二　下町のオキテ

早瀬圭一　平尾誠二　最後の挑戦
林　丈二　イタリア歩けば…
林　丈二　フランス歩けば…
林　丈二　猫はどこ？
林　丈二　犬はどこ？
原田公樹編　ワールドカップ全記録2002年版
ハービー・山口　女王陛下のロンドン
原口純子と中華生活ウオッチャーズ　踊る中国人
はにわきみこ　たまらない女
平岩弓枝　極楽とんぼの飛んだ道〈私の半生、私の小説〉
広瀬　隆 広河隆一　悲劇が進む〈新版　四番目の恐怖〉
広田靚子　香りの花束ハーブと暮らし
広田靚子　イギリス花の庭
弘兼憲史監修〈渡辺利弥構成〉　課長島耕作の成功方程式
日比野　宏　アジア亜細亜　無限回廊
日比野　宏　アジア亜細亜　夢のあとさき

## 講談社文庫　エッセイ&ノンフィクション作品



2003年9月15日現在